地理中国 地理系列丛书

三沙人文地理

朱千华 著

中国林业出版社

图·图阅社

自序：珊瑚或翡翠

2012年8月8日，我翻山越岭来到了天涯海角进行采访。去南海之前，我看了一部非常奇特的作品——《李准巡海日记》。这部作品原刊于民国《国闻周报》，是一百多年前中国海军巡航南海的一次记录，内容惊心动魄。清宣统元年，广东水师提督李准率伏波、琛航、广金三舰"复勘"西沙群岛，此前海军已多次勘察，并留下刻有"视察纪念"字样的纪念碑多座。李准此次宣示主权，是中国政府维护领海主权和海洋权益的重要行动。

1909年，在这次巡海视察中，李准除重申主权外，还给西沙群岛15个岛命名，至今西沙尚保存有"李准滩"。从藏于天津师范大学图书馆中的李准日记手稿中可知，李准这次巡海视察，抵达南沙诸岛。时遇巨浪，达10余尺。为保全舰船，只好返航。虽险象环生，幸无损失。

我之所以说这部作品很奇特，是因为这是一本私人日记，无意中却成为我国政府在南海行使主权的珍贵记录。日记中不仅详细描写了中国政府在南海行使主权的过程，同时，李准以极优美的笔触，深情描写了南海诸岛瑰丽迷人的风光，奇幻的风景，丰饶的物产。这些文字，堪称"人文地理"中的精品之作。

在天涯海角，随处可见蓝天、白云、碧海，波涛汹涌的海，广阔无垠的天，勾勒出一幅粗犷而不失婉约的美卷。

在三沙，最常见的植物就是椰树，硕果累累的椰树下成了战士们休憩的场所。他们在用心感受西沙的海天沙石，花草树木、鸟兽鱼虫，是在用心与西沙对话。

"入夜，海浪汹涌，时现无数荧光，明灭不定，无比神奇。直进入造化神幻之境，令吾等叹绝……南海深处，暗礁甚多，对舰船显有危险，务必放缓航速，多加观察，遇险则当回舵后退，断然不可掉以轻心。海浪中珊瑚礁颇多，玲珑百态，多半隐现于近岛海水里，海水清澈，姿态依稀可见，游鱼无数……白珊瑚居多，间或有红白灰三色相间之珊瑚，一日航行至小香炉岛附近，还见丹赤色珊瑚，半露海面约五尺许高，其丹赤之色艳美无比，堪称南海一奇景也。"

通过这些文字，我们可以形象地看到，一百多年前南海诸岛的诡异与神秘。

美丽的南海诸岛，以这种形象进入我的视野。所以，当我采访那些长期在南海守礁的老兵时，我首先问他们："那些岛上，还有那些大海龟吗？"老兵告诉我："海龟仍有大量存在，磨盘大的海龟，寻常可见。"

我在三亚的一个大排档里，采访了一个老兵，他姓刘，有个名号叫"黑铁塔"。我问："为什么叫黑铁塔呢？"老兵说："古铜黝黑的皮肤，是我们南沙官兵的本色，就像你见到黑人，就知道来自非洲，你见到我们这些黝黑的战士，不用说就知道来自三沙。在那个高温、高盐的环境中,长期室外的训练、战备、值班巡逻、战斗在哨位上,长期的太阳辐射、海风的吹洗,摸爬滚打,使皮肤变黑。但在我们心中,这种黑代表一种刚强,一种健康,尽管我们皮肤黝黑,但我们一颗红心向祖国!所有官兵都视黑为荣,一看见我们,就知道来自三沙,在艰苦环境中像青松一样挺立。这就是我们黑铁塔称号的来历。"

三沙诸岛,有的只是很小的礁盘,南沙尤其多。涨潮时,这些礁盘被淹没;落潮时,浮出水面。一批又一批的守礁战士就在这样几乎与世隔绝的地方生活。我问老兵:"您在南沙守礁那么多年,周围是一望无际的汪洋大海,您害怕过吗?"

老兵说:"要说不害怕,那是假的。任何人只要来到南海的孤礁上,就会自然而然产生恐惧。这是人的天性,概莫能外。我们需要经历一拨又一拨的台风、强台风,还有那些排山倒海的惊涛骇浪。尤其是夜间,有一种非常恐怖的怪声。每次台风来临,海面上就会掀起一种旋涡,这时会产生一种令人惊惧的声音,你分不清是在空中,还是在海面,那声音能摧毁一个人的意志。在那样的夜晚,战士们谁也没有睡意,

三沙海钓,好大的气魄!使用简单的渔线和饵料,就能钓起如此巨大的鱼。对于每一个喜欢钓鱼的人来说,西沙是一个梦寐以求的钓鱼好去处,一辈子一定要去体验一下海钓的乐趣。

南沙群岛的鱼类主要有金枪鱼、马鲛鱼、红鱼、鲣鱼等。此外,还有随波滑翔的飞鱼、花纹美丽的石斑鱼、游水速度每小时达90千米的旗鱼、行动缓慢的鳐鱼以及性情凶恶的虎头鲨等,真可谓五彩缤纷,无奇不有。

因为我们肩上有坚守国门的重大责任。我们个个紧握钢枪,巡视海面,一刻也不能懈怠。"

老兵说:"但是,当你看到蔚蓝色的大海,看到翡翠般的岛礁,你心里的所有紧张、孤独、不愉快等等,都会一消而散。更不用说,每天可以吃到海鲜,每天可以看到五彩缤纷的珊瑚。我一直有个建议,可以把三沙市改名为珊瑚市或翡翠市,那该多美啊。"

当天晚上,在部队招待所,我和老兵相邻而住。我们进行了一次彻夜长谈。我把他的话记录下来,我想让更多的人知道,我们的三沙有多美,我们的战士有多可敬。

在本书写作过程中,刘堂老师给予了力所能及的帮助,广东人民出版社资深编辑梁茵老师,得知我撰写《三沙人文地理》一书,在百忙中复印了《南海诸岛》、《南沙群岛渔业史》等重要史料寄给我,另外,好友胡晓慧女士在紧张的教学之余,为本书进行了全面校对,在此一并向刘堂老师、梁茵老师、胡晓慧老师表示感谢!

[目录]

卷一　人文南海 /013

第一章　南海秘境 /015

（一）千里长沙：西沙群岛 /015

（二）红毛浅：中沙群岛 /051

（三）万里石塘：南沙群岛 /055

第二章　耕海牧渔：民间闯海 /057

（一）文献与古迹实录 /057

（二）老渔民的讲述 /061

（三）航海秘籍：《更路簿》 /071

第三章　治海实录：官方 /073

第四章　南海丝路探秘 /079

卷二　景观南海 /083

第五章　海底蜃楼 /085

第六章　南海奇珍 /093

（一）海火，夜光虫，赤潮 /093

（二）偕老同穴 /095

（三）翻车鲀 /096

（四）砗磲 /099

（五）海胆 /102

（六）鲍鱼 /103

（七）远古的遗民——鲎 /104

（八）海龟 /106

（九）鲣鸟 /109

（十）南海四大名螺 /112

（十一）海参 /116

（十二）一把"锯子"笑傲江湖——锯鳐 /118

（十三）电鳐 /119

（十四）鲫鱼 /120

（十五）玳瑁 /121

（十六）飞鱼 /122

（十七）海马 /125

（十八）儒艮 /127

（十九）鲉 /128

（二十）文昌鱼 /129

第七章　三沙植物 /131

（一）厚藤 /131

（二）水芫花 /133

（三）草海桐 /134

（四）白避霜花 /136

（五）椰树 /137

卷三　生活南海 /141

第八章　渔家风情 /143

（一）海钓 /143

（二）渔民年俗 /145

（三）父子不同船 /148

（四）自古行船半条命 /150

（五）岛上种菜 /152

（六）捕捞海珍 /153

第九章　重镇潭门 /155

（一）潭门素描 /155

（二）潭门渔民眼中的南海群岛 /159

（三）潭门渔民眼中的黄岩岛 /166

（四）潭门镇的女人们 /169

卷四　文化南海 /173

第十章　踏浪三沙，笑傲南疆 /175

（一）守永暑礁 /175

（二）中国实际控制南沙岛礁实录 /181

（三）背景知识 /200

第十一章　三沙异闻（神话与传说）/202

（一）南海志异 /202

（二）涨海图 /203

（三）鲛人泪 /207

（四）越王头 /212

（五）叶限：中国的灰姑娘 /215

第十二章　三沙海神秘录 /222

（一）海神娘娘 /224

（二）妈祖 /226

（三）水尾圣娘 /229

（四）文教村的"108兄弟庙" /232

【卷二】 人文南海

当我们在潭门镇翻开古老而发黄的手抄本《更路簿》时，可以随时看到字里行间充满文学意味的『千里长沙』、『万里石塘』等地名。如此浩瀚大气的地名，你很难想象其命名者竟是那些极普通的渔民，更没想到的是，他们以天才的想象力把广阔的南中国海当成了无垠的陆地，『耕海』成了他们生命中最重要的劳动形式。

这种想象力的激发，一方面来源于南海的博大胸怀与摧枯拉朽的气势，另一方面，更多地包涵了渔民们对家园的热爱，那片海域就是自己的家。只有对家的无比热爱，才会有如此深情的命名。

耕海的渔民，多以海南省潭门镇为多。他们祖祖辈辈以远洋捕捞为生。大海中浮游着五色斑斓的鱼虾龟贝，几乎是唾手可得，至今，当地人远洋捕捞还有不用渔网的，在三沙诸岛上，诸如海龟等珍奇俯拾皆是，只要你来了，即可满载而归，三沙群岛，几乎是海南渔民幸福的伊甸园。

无论是官方记载，还是民间的传抄本，都清清楚楚记载着中国人从古至今在这里『耕海』的历程，明白无误地告诉世人：这片海域，一直是中国人的家园。

第一章　南海秘境

（一）千里长沙：西沙群岛

【东七西八】

西沙群岛，在南中国海西北部，海南岛东南 210 千米处，以三沙市首府永兴岛为中心，距三亚市榆林港和文昌市清澜港皆为 330 千米。

西沙群岛示意图

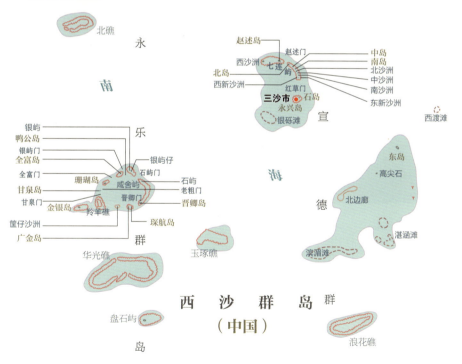

石岛和永兴岛在同一礁盘上,是南海诸岛中最高的岛屿。有人说石岛是西沙的"金字塔",说它是金字塔并不仅仅因为它的外形像金字塔,还因为它有一些如金字塔般神秘的谜。

　　西沙群岛,古称千里长沙、七洲岛、九乳螺洲,又名宝石岛、帕拉塞尔群岛,海岸线长 518 千米,在南海诸岛中拥有岛屿最多,岛屿面积最大(永兴岛),且陆地总面积最大。

　　西沙群岛地处热带中部,属热带季风气候,炎热湿润,但无酷暑。以永兴岛为例,极端高温 34.9℃,极端低温 15.3℃,年平均气温 26.5℃。年降水量 1505 毫米。因特殊的地理位置,西沙群岛最易受台风侵袭。

　　西沙群岛，自古即为我国著名渔场之一。海域宽阔，岛礁星罗棋布，拥有十分丰富之海产，珍贵品种无以计数，每年渔季，海面千帆竞发，吸引广西、广东、福建、海南等地的大批渔民前来岛捕捞作业。

　　西沙自古就是中国领土。《旧唐书》记载，从唐朝起中国政府开始正式管理海南岛以南海域。古代的史书中，这里被称为"千里长沙"，是南海航线的必经之路。隋代，中国已经派使节经南海到过今天的马来西亚，唐代高僧义净亦由此到达印度。古代那些满载着陶瓷、丝绸、香料的商船往来于此，这里亦成为中国南方的"海上丝绸之路"。

　　西沙群岛一带，明岛罗列，暗礁杂陈。照海南渔民习惯说法，这些岛礁被叫做"东七西八"，共15岛。"东"是指东北面宣德群岛，有7岛，面积较大，诸如：永兴岛、东岛、北岛、中岛、南岛、赵述岛、石岛等；"西"是指西南面的永乐群岛，有岛屿8座，面积亦大，诸如中建岛、金银岛、甘泉岛、琛航岛、晋卿岛、珊瑚岛等。

　　西沙群岛共计32座岛屿、8座环礁，1座台礁和1个独立的暗礁。但这不是绝对，随着海洋的不断变化，一些新的礁滩与岛屿，还会陆续生成。

　　整个西沙群岛海域，约50万平方千米，为我国著名的传统渔场之一。

　　古代中国渔民，把西沙群岛的岛礁及附近海面，雅称为七洲洋。

图为西沙群岛七连屿。如果说西沙群岛是一条珍珠项链,那么七连屿就是这条项链里最耀眼的那颗坠儿。如果说西沙群岛是南海中一片盛开的睡莲,那么七连屿就是这片睡莲里盛开的七朵奇葩。

七连屿并非一个岛屿,而是西沙群岛中七座相邻不远的小岛。它们属于宣德群岛,一般来永兴岛,都有机会登陆七连屿。

【西沙先民】

1万多年前,海南岛的南部海岸带,已开始有人类生活,历史学家称之为"三亚人",他们渔猎为生,神秘浩瀚的大海,成为他们赖以为生的场所。岭南的百越人创造了舟,《山海经》说,番禺始为舟。番禺是帝后的曾孙,是传说中最早发明船的人。他们习水行舟,乘浮筏、独木舟捕捞于大海沿岸。有时,他们会遇到台风肆虐,或惊涛狂浪,他们抱着"浮筏"漂至远方,比如南海诸岛,或更远的陆地。所以,南海诸岛的最早发现者,应为这些早期的三亚先民。

甘泉岛西北部,有片沙堤,内有史前文化遗址,曾出土陶网坠、陶瓮、各类石斧等。网坠系捕渔工具,陶制品,红土烧制;陶瓮,系夹砂粗陶;石斧质地为砂砾岩。因甘泉岛乃至西沙群岛,皆无此类原料,故应为外来物品。而这些物件的原料、制作、以及器物形制,与海南各地出土之新石器晚期至战国时期生产和生活用器物,甚为一致,同时在甘泉岛、中建岛、金银岛、琛航岛、广金岛、永兴岛、石岛和北岛等地,亦发现多批各个历史时期来自华南大陆和海南的陶瓷残片和古钱币。

由此可知，我国先民早就发现了西沙群岛，并且至少在2000年前的战国时代，就已经开始来到西沙群岛捕渔。

西沙群岛多雨，植被茂盛。先民们首先发现了甘泉岛，并挖出一口淡水井。也有一些岛，在浅层地下，藏有淡水，若在雨季，可掘之饮用。一些岛有灰沙土，可植椰子树，种蔬菜，渔季来此，可短期扎棚居留。

甘泉岛西北部，曾发掘唐宋遗址。

明清以来，我国渔民分别在甘泉岛、珊瑚岛、琛航岛、广金岛、永兴岛、赵述岛、北岛和东岛就地取材，用礁灰岩、沙丘岩和珊瑚礁砾块，砌成小庙10余座，成为我国先民于此耕海的历史印记。

很长时期，海南渔民多在冬季，利用东北季风驾船，南下西沙群岛，捕捞鱼、龙虾、海参、海龟和拾贝，登岛结芦，以遮烈日风雨，挖井汲水，垦荒种植，晒干和收藏渔获。闲时砌庙祈福，看海天一色掐算北归日程。至翌年夏季，他们乘西南季风满载而归。如此往返，祖辈如此。

海南渔民风里来，浪里去，在长期与风浪搏击的实践中，摸索并总结出航海经验，以数代人的生命为代价，他们完成了在南海航行的指南《更路簿》。此《更路簿》多为手稿本，世代相传，至今已有数百年历史。

《更路簿》是海南先民们用生命换来的西沙耕海工具书。海南渔民是西沙群岛真正的主人。

洁白的沙滩，碧绿的海水与蓝天白云相映成趣。在蔚蓝的天空下，躺在洁白绵绵的沙滩上，凭海临风，会让你忘却都市的烦恼，整个心灵变得纯净，整个身心融进这浩大无垠的西沙风光。

汹涌的海浪毫不客气的击打着海岸线,汪洋中的数条渔船在惊涛骇浪中,努力的驶向海岸。这样命悬一线的航行在西沙群岛是时有发生的事,就像古话说的"自古行船半条命"。

【古代笔记中对西沙群岛自然的记述】

清代,岭南著名学者屈大均,在其名著《广东新语》卷十五中,曾转载《西京杂记》里南越王赵佗向汉武帝献"烽火树"的内容。烽火树,即珊瑚。可见,当时南海一带,已经发现珊瑚是非同寻常的宝物,其自然天成的造型,很快成为炙手可热的昂贵艺术品并进贡朝廷。

南海诸岛的最早发现,我们可以上溯至汉朝。东汉时,南海郡番禺(今广州市海珠区)人杨孚,在其著作《异物志》中,有"涨海崎头,水浅而多磁石"的记载。这里的"涨海",即当的南海。崎头,则是对当时南海诸岛、礁、沙、滩的俗称。

公元226年,三国时,东吴孙权派朱应、康泰出访东南亚诸国,船队航经南海,到达扶南(今柬埔寨)等国。康泰回国后,据亲身经历,撰成《扶南传》,书中,对南海诸岛的地理情况,做了明确记载。

晋左思《吴都赋》中,有"穷陆饮木"句,唐李善注"饮木,朱崖海中有渚……有木斩之,以盆瓮承其汁而饮之",从描述看,可以明确肯定,这就是珊瑚岛上的椰子。

唐宋时代，国力强盛，对外交往频繁。尤其是宋初，指南针开始应用于航海，中国的商船、渔船在南海上航行，日趋频繁。南宋周去非在其著名笔记著作《岭南代答》（1178年成书）中记载："东大洋海，有长沙、石塘数万里。"此中的"长沙"、"石塘"，即指南海诸岛。所谓长沙，即是长形的、多以沙岛为主的珊瑚岛，石塘，很形象的一个词，即石的围塘，现代说法，即环礁。

唐时，位于海南岛北的崖州南移，遂改振州为崖州，后易名为朱崖军，继后又改为吉阳军。由吉阳军直接管辖南海诸岛。当时，北宋朝廷命水师出巡，至"九乳螺州"（即今西沙群岛），这是我海军最早的巡海活动。

《旧唐书地理志》（岭南道振州）中，已有振州管辖海南岛南部海域的记载。

唐开元年间，由僧一行等人，主持子午线测量，至南海诸岛。此举可视为国家行使主权之举。

南宋地理学家赵汝适，在多方调查并参考《岭南代答》的基础上，撰写《诸蕃志》（1225年成书）。书中记载："贞元五年（789）以琼为督府，今因之……至吉阳（今三亚市），乃海之极，亡复陆涂。外有州，曰乌里，曰苏吉浪，南对占城，西望真腊，东则千里长沙、万里石床，渺茫无际，天水一色。"

这一段，不仅描绘了南海天水一色的绝美风光，更指出千里长沙、万里石床是中国的南海诸岛。也说明，早在唐代，已经将诸群岛划归海南岛的振州（宋时改为吉阳军）管辖。

元朝，元世祖将海南的琼州改为琼州路。仍由吉阳军管辖南海诸岛。著名事件：元世祖忽必烈亲派著名天文学家郭守敬，前往西沙群岛进行天文测量，此举更有力表明主权归属元王朝。

更有人论证，1279年，郭守敬主持大规模的纬度测量，其中设南海观测站于西沙诸岛。（亦有人持不同观点，认为

海底打捞的沉船中发现中国明清时期的瓷片图案。此片中能清晰地看出图案的整体轮廓，蕴藏着深厚的文化底蕴和品位。

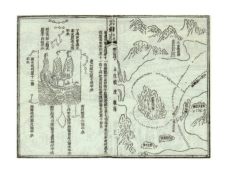

中国明代大型军事丛书《武备志》，书中的航海图明确标出我南海诸岛 中石星石塘、万生石塘屿、石塘等岛群名称和相对位置。

郭守敬未到西沙，而是去了林邑，即今越南南部）。

元朝汪大渊《岛夷志略》中记载"石塘之骨，由潮洲而生……一脉至爪哇，一脉至渤泥（今文莱）"，骨，即地脉，作者认为，海外之地与大陆地脉，原本相连。

明初，海南设立统一的地方行政管理机构——琼州府，隶属广东。恢复崖州、儋州、万州。南海诸岛划归万州管辖，万州隶属琼州府，至此，已明确将四大岛群区分为"南澳气"、"七洲洋"、"千里长沙"、"万里石塘"等（即今东沙、西沙、中沙、南沙群岛）。

明朝张燮《东西洋考》卷九"舟师考"记载："万里石塘内有红石山，不高。"这里写的是石岛，整个岛上被棕红色鸟粪层覆盖。

明清时期，许多方志对南海诸岛的记载已不胜枚举。郑和"七下西洋"，绘有《郑和航海图》，后载入茅元仪《武备志》。此图标出了石星石塘、万生石塘屿、石塘等岛群名称和相对位置。

及至清代，陈伦炯《海国闻见录》中有附图《四海总图》，已经明确标绘四大群岛的地名和位置。当时称东沙群岛为"气沙头"，西沙群岛为"七洲洋"，南沙群岛为"石塘"，中沙群岛为"长沙"。

清政府曾进行过几次全国地图测量，绘有多种地图。1716年的《大清中外天下全图》、1724年的《清直省分图》、1767年的在《大清万年一统天下全图》、1800年的《清绘府州县厅总图》和1818年的《大清一统天下全图》等。上述官方舆图，都将南海诸岛纳入中国疆域版图。

清前期、中期袭明制未变。清后期,东沙群岛归属惠州管辖,西沙群岛、南沙群岛、中沙群岛仍由海南的万州管辖。自此南海诸岛分属于不同的两个州级地方行政机构。

1907年,广东水师提督李准,率大清舰队巡视西沙各岛。其在伏波岛刻石,云:"大清光绪三十三年广东水师提督李准巡视至此。"巡视归来,李准请命,为西沙各岛重新命名,获准。

1909年,李准再次巡海,为西沙诸岛命名。据尚存于世的《李准日记》披露:李准1909年巡海视察,抵达南沙群岛,最远至曾母暗沙附近。因风急浪高,巨浪高达10余尺,舰船无法靠近,只好返航。虽险象丛生,但幸无损失。

李准1909年巡视西沙群岛、南沙群岛,获得大量第一手海洋数据。

民国时期,1911年辛亥革命后,广东省政府宣布,把西沙群岛划归海南崖县(今三亚市)管辖。

1946年秋,抗战胜利次年,当时中华民国政府海军司令部派出兵舰前往西沙群岛、南沙群岛,11月收复永兴岛,在岛上竖起"海军收复西沙群岛纪念碑",12月收复"太平岛",并在岛东端立下"南沙群岛太平岛"碑石。后,接收人员又至中业岛、西月岛、南威岛,分别在岛上立碑为证,并从此,在南沙群岛中最大的岛屿——太平岛驻军。

清朝末年,广东水师提督李准曾率大清军舰巡视南海,最远到达曾母暗沙。

1949年4月23日,在人民解放军渡江战役的隆隆炮声中,林遵率国民党海防第二舰队所属的25艘舰艇和1200余名海军官兵,在南京东北的笆斗山江面起义,为南京的解放立了大功。但在林遵一生中还有一件鲜为人知并可载入史册的经历,即抗日战争胜利后,林遵曾奉命率舰队南下,抵达南沙主岛,执行收复任务,并将南沙主岛——长岛以所乘军舰命名为"太平岛",向世界宣告中国政府对南沙群岛恢复行使主权。后来南沙群岛主岛太平岛一直有中国台湾军队驻防,这也是南海诸岛属于中国强有力的法理依据之一。图为"太平"舰出发前官兵合影,最前面者为指挥官林遵。

西沙岛礁实录

西沙群岛古称千里长沙,或九乳螺洲。位于海南岛东南方向,以永兴岛为中心,西北距榆林港约180海里*,由30多座岛、洲、礁、沙、滩组成。

西沙群岛像朵朵睡莲,漂浮在碧波万顷的南中国海上。

西沙群岛位于海南岛东南约180海里处,与东沙、中沙、南沙群岛构成中国最南端的疆土,从东北向,西南伸展,在长250千米,宽约150千米的海域里,由45座岛、洲、礁、沙滩组成。西沙群岛之岛屿,东面为宣德群岛,由北岛、石岛和永兴岛等7岛屿组成;西面是永乐群岛。

* 1海里 = 1.852千米

这是真正的世外桃源——美丽的三沙市首府永兴岛。这里的星空清澈浩瀚。永兴岛上"零公里"处，有一个公路标示牌，牌上指示出海口、北京、曼谷、纽约与海岛的距离，被游客称为"最牛"指示牌。想要来这里的人们不仅要坐车，而且要坐船才能到达这里。这里距三亚市339千米。

宣德群岛

此群岛为西沙群岛的一部分，又称东侧群岛。

群岛中西沙洲、赵述岛、北岛、中岛、南岛、北沙洲、中沙洲和南沙洲，发育于同一弧形礁盘；永兴岛和石岛发育在南部弧形礁盘。永兴岛面积1.85平方千米，是其中最大的岛屿。石岛最高处为15.9米，是最高的岛屿。

多数岛屿地势中间低，四周高。岛上淡水稀缺，但海鸟成群，灌丛茂盛。岛上景观丰富，有溶洞、海蚀崖、海蚀洞等，很壮观。如许群岛，在距海南岛300多千米的海面上，若翡翠，若莲朵，又有蓝天白云倒映，海天一色，你分不清哪里是天空，哪里在大海，那荡漾的万顷碧波，永远冲击着你的想象力，那一刻，你能感到西沙群岛张狂的、博大而又无以言说的神秘。

（1）永兴岛

永兴岛，面积 2.10 平方千米，位于西沙群岛的宣德群岛，西北距海南岛榆林港约 338 千米，是南海诸岛交通枢纽，也是中国最南方、面积最大、人口最少的地级市——三沙市人民政府所在地。

永兴岛东西长 1950 米，南北宽 1350 米，面积 1.85 平方千米。是南海诸岛中最大的岛屿。岛上地势平坦，平均海拔高约 5 米。西南方向，有沙堤，高约 8.5 米。

永兴岛最早由我国渔民开发，有著名的椰树林，现存椰树中，百年以上树龄者，多达千棵，那是何等壮观的气势。更有枇杷树，亭亭玉立，羊角树、马王腾、麻风桐、美人蕉、野枇杷、野棉花等，遍布全岛，随处可见。

岛上有井水，可供洗涤，咸苦，不宜饮。但有地下水池，贮天落水，可饮。今岛上有淡水化工程，靠大陆来船供给淡水的历史，已一去不复返。

永兴岛，原是由白色珊瑚贝壳沙不断堆积而成，终年皆夏，年均温 26.4℃，最冷月均温 22.8℃，极端最低温 15.3℃。年降水量 1509.8 毫米，风力大，蒸发快。

右图：位于永兴岛西渔码头的法国炮楼建于 1933 年，使法国侵占中国南海时所建。炮楼构筑于台基之上，单开间，面阔 5.08 米，进深 3.69 米，共两层，建筑面积 27.2 平方米。

左图：图上位于永兴岛宣德路的炮楼（俗称日本炮楼）建于 1939 年，是日本在第二次世界大战期间侵占中国南海所建，占据永兴岛西侧制高点。炮楼高 9 米，为 3 层砖混结构，四面开大窗户，楼顶垛墙开满窗花，炮楼平面呈方形，建筑面积 20 平方米。

1935 年，那时名为茂林岛。1947 年和 1983 年公布名称为永兴岛，以纪念 1946 年抗战胜利后接收该岛的军舰"永兴号"。我国南海渔民向称猫注或猫岛。岛西南原有"孤魂庙"一座，清代渔民所建，现不存。岛上一直有渔民常住。

1949 年以来，永兴岛渔民大力种植树木、瓜果和杂粮等。以前，岛上的生活物品，多赖以每月从海南来的补给船。很少有人能体味那个时代，岛上的渔民们有多孤独，那时还没有电视，没有电脑等娱乐，唯一的新鲜事，就是等待补给船的到来。每当补给船到达永兴岛，全岛居民如迎接贵宾，全岛放假，去船上搬运食物与生活用品，人们像过节一样高兴。

生活在岛上的人员，除了渔民，还有守岛部队和部分行政人员。守岛官兵基本上是两年一换，地方行政人员则是半年轮岗。

后来，永兴岛上陆续建有办公楼、邮电局、银行、商店、气象台、海洋站、水产站、仓库、发电站、医院等生产和生活设施。如今，岛上生活设施已相当完善，已有环岛公路、机场、码头，有班机、轮船往返海南。岛上的移动电话、互联网也全部开通。

麻雀虽小，五脏俱全，永兴岛在茫茫大海中，可谓弹丸之地，如今却有完善的现代化设施。永兴岛机场可以起降波音 737 飞机，码头可停靠 5000 吨位的船只，正在兴建 600 千瓦风能、光能混合发电系统。另外正在兴建代表国际先进水平的高科技蔬菜大棚。至于污水处理系统、气象监测、海洋环境监测等机构，其技术含量都是国内最先进的。

永兴岛的中心在北京路，整齐高大的椰树立于人行道旁，树下铺满碧绿的草坪，优美整洁的环境，是永兴岛留给人们最美好的记忆。北京街，是三沙市的政治、经济、文化、集会、娱乐、饮食中心。街西有片广场，是政府机关所在地，各项政令均从此发出。

广场上，每周一的清晨，都要举行国旗升旗仪式。

永兴岛上树木茂盛，大部分房屋都遮蔽在树林深处，即使站在高处也看不到。只有几个塔楼、气象站与雷达站稍显突出。这里的树木无人砍伐，除台风来临，狂风暴雨要摧折一些。保护生态环境，是每个永兴人深入人心的现代生活理念。

永兴岛上还有一些文物古迹，最著名的是抗战胜利后，从日本人手里收复西沙见证的一块"海军收复西沙群岛纪念碑"，下有一行小字："中华民国三十五年十一月二十四日张君然立"，背面则书"南海屏藩"。张君然（1917~2003），原国民政府海军司令部海事处上尉参谋。国民党海军收复西沙后，张君然被任命为第一任西沙群岛管理处主任。1950年，张君然在香港起义，加入中国人民解放军海军。岛上另有法国炮楼遗址。

永兴岛是南海的航道枢纽，往来船只，无论是东亚地区通往印度洋和非洲、欧洲、大洋洲，还是东南亚地区通往太平洋，都必须通过南海，可见其地理位置何等重要，被誉为"世界第三黄金水道"。

永兴岛，是中国大陆难得一见的热带风景区，成行的椰树，旖旎奇异的热带风光，更有碧海蓝天带给我们新奇、纯净的另类体验，若干年后，永兴岛必将成为国人心中的黄金圣地。

1946年9月，国民政府派海军司令部海事处上尉参谋张君然三下南海，四进西沙。11月23日，协同进驻西沙群岛的舰队副指挥官姚汝玉，乘"永兴号"驱逐舰登临永兴岛，永兴岛重新回到了祖国的怀抱，永兴岛因此得名。

当年，张君然被任命为西沙群岛管理处主任，为了纪念1946年海军收复西沙群岛，张君然在永兴岛立下了这块纪念碑。后人又在纪念碑旁建起纪念亭。

（2）石岛

石岛，在永兴岛东北，与永兴岛在同一个礁坪，两者相距 1130 米。

石岛东西长 375 米、南北宽 340 米，最高处海拔约 16 米，是南海诸岛中最高的岛屿。石岛周围是峭壁。石岛与永兴岛间，低潮时可涉水来往。由此岛相对较高，一直是宣德环礁诸岛的瞭望望点。立于此，可观察东西海面上来往的船只，如同永兴岛的桥头堡，在军事上是重要的制高点。

石岛四周，海蚀现象保存清晰，岩溶地形明显可见。岛上除个别地方生长着麻风桐和草海桐，多处岩石裸露，石岛之名，即由此而得。

（3）西沙群岛的七连屿

七连屿，原来是永兴岛北边的西沙洲（赵述岛是其一部分）、北岛、中岛、三峙仔、南岛、北沙洲、中沙洲、南沙洲等一列 7 座小岛和沙洲的合称，这几年因台风关系，

> 石岛是西沙群岛中年龄最大的一位，它的存在约有万年的历史。石岛也是南海诸岛中地势最高的岛，海拔高度 13.8 米。石岛离永兴岛只有几公里，两岛之间由一座人工筑成的堤坝相连。一大片珊瑚礁滩被包围在两岛之间，退潮的时候能清楚地看见水底的礁石，远看是蓝蓝绿绿、平平整整的一大片，但其实水底的礁石却是怪石嶙峋。

蓝天白云,海滩岛礁,这一切都完美地结合在一起,一切仿佛都近在咫尺,触手可及。

在最南边新形成2个沙洲——西新沙洲和东新沙洲,它们和上面7个岛洲合称七连屿,同在一个广大的弧形礁盘上。

礁盘分东西两块,其间有一水道,名石牌海门。从海南岛来西沙,船只临近永兴岛时,首先看到的,就是耸立着一座灯塔的岛,这是七连屿最北端、位于西沙洲上的赵述岛。七连屿10座岛洲,就像10颗璀璨的珍珠,如弧线般抛洒在大海里,环绕着永兴岛。因自然条件限制,七连屿至今无人居住。

七连屿及附近的沙洲小岛面积都不大,一般都是0.4平方千米左右,相距也不远,有几个相距仅几百米,远的也不过几里路,海拔高度在三四米左右,距离永兴岛最近的岛,航程有10多千米,渔船1小时便可抵达。

7个小岛上都没有任何淡水,其中的西沙洲、南沙洲基本上是荒沙滩地,因为常受风暴潮的袭击、侵蚀,没有什么植物。渔民们喜欢在北岛"安营扎寨"。北岛上的原生植物海岸桐、麻风桐较多,长得一丛丛的;岛的面积也相对大些；岛周围还有自然形成的砂堤，能避风挡浪。

【赵述岛】俗名"树岛"。顾名思义，岛上灌木葱郁，高大挺拔的椰子树点缀其中。从东北至西南，赵述岛覆盖了长约600米，宽近300米，面积约为0.19平方千米的区域。岛屿高出海平面3~4米，围绕四周的沙堤，让这座岛屿俯瞰下去近似一个圆形。最初在这片圆形的区域里，没有淡水，没有居民，没有驻扎军队，没有警察，只有一层薄薄的鸟粪和西部一处高20余米的灯塔。

我国渔民对赵述岛的寻踪可追溯至宋朝。这里大面积的环岛珊瑚礁被当时海南省琼海市潭门镇墨香村的渔民发现，并开发为重要的渔业基地，渔民们在此打渔，把鱼晒成干后再带回，就这样渔民们在海南岛与赵述岛之间不断往复，春去秋来，这种生产方式一直延续至今。随着生产力的发展，如今的渔民们除了传承古老的作业方式外，还有了新的改变。在该海域游弋的收购船成了交换的中转站，渔民们在卖给他们鲜鱼的同时，还可获得淡水和食品等生

绿珊瑚那通体的绿色在蔚蓝的海洋中是如此富有生机和活力，在周围的珊瑚礁中脱颖而出，如一棵生长在海底的绿树苗，不断地往高处伸展着自己的枝干，期待有一天能伸出海平面成长为一棵参天大树。

活补给，物资的保障为渔民延续生产提供了条件。

岛上居民约有170余人，都为琼海潭门渔民。赵述岛村委会第一届领导班子在2009年11月8日召开的选民大会中选举产生。事实上，这些定期迁移过来的渔民才是赵述岛真正的主人。

岛上有一块刻着警徽和"中国西沙"、"永兴岛边防派出所"、"赵述岛警务区"字样的石碑，以示此岛为我中国领土，他人不可侵犯。

【北岛】又名长峙（峙是海南渔民土话，意为岛）。北岛和赵述岛遥遥对望，长1500米，最宽处为350米，故又名长峙。高3~4米，四周包绕沙堤，岛中部，有泻湖，已干涸，其面积占全岛面积一半。岛上灌木丛生，亦有鸟粪层，故淡水污染，不可饮用。

北岛是潭门渔民的基地，他们在这里筑有简陋的雨棚，做临时的休整处。岛虽小，却有小庙一座，也是渔民们彻成，无论是来到还是出发，他们都会来此祈祷，祝福平安。

北岛的东北面，有大片礁盘，受强劲的东北风影响，海水中含氧量较多，珊瑚礁生长较好，比西南面礁盘为高，低潮时，可露出海面。此海域水产丰富。北岛之面积，为七连屿之最。

【中岛】又称二岛，在北岛东南1千米处。岛呈椭圆形，长轴呈西北－东南走向，长约600米，宽约260多米，四周沙堤包绕，中部泻湖已干枯。岛上灌木茂盛，鸟粪层薄，无饮用淡水。

【南岛】在中岛东南1千米处，岛呈长条形，由西北向东南延长，长达1200米，最宽处260多米。岛上有灌木，无饮用淡水。岛东北，有一小湾，水深1.5米，小船可驶入，岛南有沙滩伸展。岛上四周有沙堤包围，中为小湖，已干涸。

【西沙洲】因是地处宣德群岛最西的一座沙洲，故名西沙洲。沙洲椭圆形，其上白沙一片。长约600米，宽400米，因草木少，白沙莹莹反光，故远处可见。此沙洲正在发育扩大。在西南角处，还有一小沙洲，近圆形，直径约百米。

西沙洲因覆盖沙层较厚，雨季过后，可保存淡水。故在此沙洲掘井，可得清泉。沙洲面向西北，海岸水流甚急。

1935年，西沙洲公布名称为"西滩"。1947年和1983年，公布名称为"西沙洲"。在当地渔民口中，西沙洲被称为"船暗尾"，意即赵述岛的尽头。

【北沙洲】在南岛东南1千米处，长300米，最宽处约200米。有白沙耀眼，远处可见。岛上草木茂密。礁盘附近水产丰富。东北面有小海湾。此沙洲有一小庙，为古代遗存，可为中国渔民耕海史之见证。

由于沙洲还在成陆阶段，受波浪经常性冲刷，因而地面植被较少，杂草稀疏。白沙耀眼，沙洲上时有草生长，台风一过，沙洲变形，草便不见了。

【中沙洲】中沙洲长 300 米，最宽处约 200 米，受台风骇浪的冲击，面积会时大时小。因中沙洲丛草不多，故沙洲特点明显。

【南沙洲】位置最南，若等边三角形，边长约 300 米。南端又有一小沙洲伸出，长达 100 米。沙洲上丛草茂盛，沙洲中部有灌木丛生。

【东新沙州和西新沙州】南沙洲向南，不到 1 千米处，礁盘上有两个新沙洲，东边叫东新沙洲，直径约 100 米。西边叫西新沙洲，为一白色小沙滩，因刚刚发育，故面积常变。1972 年 20 号，一场台风，推出了这两个新的沙洲。海洋的神秘就在于此，你无法想象，大海上会凭空又多出一个两个沙洲来。一场风暴，什么都不见了，又一场风暴，沙滩又神奇地裸露在海面上。

【东岛】东岛位于西沙群岛的东侧，故名，又名和五岛，由珊瑚贝壳沙体构成，为南海诸岛中第二大岛，位于永兴岛东南约 60 千米处。长约 2400 米、宽约 1000 米，面积 1.6 平方千米。平均高出海面 4~5 米。目前，此岛仍有上升趋势。岛的四周有沙堤包绕，地势较高，中间较低，有一凹地，积水成塘。东岛北部沿岸及中部，有大面积珊瑚沙和珊瑚砂岩裸露，形成海蚀地貌。

东岛自古以来，常年有渔民居住和生活。有井数口，水量充足，但水色黄褐，不宜饮用。

东岛以其海鸟众多而闻名于世，人们了习惯称之为鸟岛，俗称鸟的天堂。1981 年被划为白鲣鸟自然保护区。上面生活着鲣鸟、燕鸥、灰斑鸟、金雕等鸟类。这些鸟儿与人很亲近，非常喜欢和人呆在一起。特别是鲣鸟，与渔民们打成一片，还能给渔民的航行指引航线。现在鸟类 50 多种，总数约达 5 万只。其中白鲣鸟最多，估计超过 3 万只。这些海鸟在海上

觅食时，经常移居其他岛屿，这样，几乎所有的岛屿礁滩上，都能看到成群海鸟栖息的景致。

东岛上有繁茂的植被，麻风桐、椰子树等皆成茂林。原生的麻风桐，树大干壮，枝短叶疏，蔚然成林，是白鲣鸟栖息的主要树木。岛四周遍布草海桐、银毛树等灌木丛，绿荫如盖，青翠欲滴。数代东岛渔民种植的椰子树、木麻黄、土枇杷等各类花草更是随处可见。整个岛屿郁郁葱葱，终年常绿。

东岛上生长着很多种类的陆生动物。黄牛、山羊成群，据观察，现存黄牛有十四五群，约300多头；山羊时有出没。还有野狗、山鸡、野鸭、野猫等。这些动物多为放养，很多年以前，我国渔民在此岛居住，从海南岛带来这些动物，进行放养繁衍。

目前，东岛上建有停机坪、导航台、码头、楼房等。

东岛上有大片的热带灌木丛林，植被繁茂，绿化基本覆盖全岛。主要的植物有麻风桐、椰子树、土枇杷等。在东岛延绵海岸线上，还生长着美丽的水芜花，是东岛生态环境的"晴雨表"。东岛不仅植物种类繁多，各类海鸟也纷纷安居于此，素有"鸟岛"之称。红脚鲣鸟在全世界仅有两个居住地，其中之一便是东岛。

与西沙群岛其他多数珊瑚礁岛屿不同，高尖石完全是岩石构成的，受强烈洋流的冲袭，水下岩石有多处断裂层。高尖石水下3~5米的平台上珊瑚丛生，多姿多彩，成为又一座"海底花园"。

【高尖石】高尖石属"火山岛"。高尖石岛位于东岛西南约8海里处，距永兴岛44千米，是南海诸岛中唯一露出水面的火山岩岛，由火山碎屑构成。岛形三角，底宽顶尖，呈4级塔状，四壁陡峭，因此得名。岛高5.2米，远望似船，故海南岛渔民称之为石船或双帆。

这是在东岛西南方突起的一座死火山。多少年前，一次剧烈的火山喷发，鲜红的岩浆从海底涌出，冲破珊瑚岩层，冷却后，形成了现在的宝塔状山体。四周受蚀成海崖。又无沙滩，不宜泊船。因其高尖状，7海里外可见到。

【银砾滩】银砾滩在永兴岛西南13千米处，为水下暗礁，水深约10米，长约6.5千米，宽约4千米，为珊瑚砾石滩。1935年公布名称为伊尔迪斯滩，1947年和1983年公布名称为银砾滩。

永兴岛西南的浅海上，还有一群沉水滩礁，呈西北、东南走向，系构成宣德环礁南翼的主要滩礁，其中最大的滩礁，即为银砾滩。

宣德环礁的北翼和东北翼，即七连屿，北翼的西沙洲到赵述岛，同在一大礁盘之上；东北翼的北岛到新沙洲，共3个岛，与3个沙洲，亦位于同一礁盘上。两礁盘之间为一缺口，称"赵述门"。

【浪花礁】位于西沙群岛东岛环礁之南，它是一个完整的环礁。礁盘广大，并有沙洲发育。沙洲涨潮时掩没，退潮时可见，目前仍处于水下沙洲阶段。礁盘上有几块巨石，涨潮时可出水。因本环礁偏近东方，为航道所经，故历代皆有船毁于此，如1881年6月英船EISKE号，即于此触礁沉没，现沉船仍在。

此礁盘接近海面，故浪花带明显，遂名"浪花礁"。西南和西北面各有一口出入，西南口可入40吨船。礁盘区亦为西沙主要水产区。海龟、海参丰富。

浪花礁航道是马六甲海峡至我国南方港口必经航线的重要助航标志，也是我国的领海基点。

永乐群岛

　　此群岛位于西沙群岛西部,位于永兴岛西南约75千米处。又称西侧群岛、西八岛。主要由甘泉岛、珊瑚岛、森屏滩、晋卿岛、琛航岛、广金岛、金银岛、中建岛等岛、礁、滩组成。前6者,均在同一个巨大弧形礁盘上。

　　这个弧形礁盘是一个环礁,西南边缺失,只保留一串弧形

岛礁，又名新月群岛。弧形环礁环绕着向南开口的潟湖，进入潟湖的水道有3条，即琛航岛与晋卿岛之间的水道；甘泉岛与珊瑚岛之间的水道；羚羊礁与琛航岛之间的水道。

珊瑚岛海拔10米，是群岛中最高的岛屿。各岛四周都有沙堤包绕，中间低平，有淡水井，只有少量可饮。岛上生长有麻风桐、羊角树、椰子树等热带植物。

这样看去的西沙群岛，犹如一轮半月，四周零星的点缀着些许繁星。远处与天相接，似银河系般曼妙多姿。

【琛航岛】这是一个略呈三角形的岛屿,面积约 0.28 平方千米,高约 4 米。此岛之名,为纪念清末到此巡防的"琛航舰"而命名。岛周有沙堤包绕,中部凹陷,平坦,形成两个潟湖。岛中部挖有水井,但水质不能饮用。潟湖略干涸,稍有积水。

由于潟湖的堤围是由珊瑚砾所成,具有一定的渗透性,故涨潮时,海水能渗入湖中,使湖水变咸。今湖边珊瑚砾堤岸仍然低矮,高 2 米,若遇特大台风,即可掀起巨浪,冲溃砾堤,形成缺口。

岛西北角和东北角,曾有渔民筑小石庙 2 座,今不存。西北小庙中,供奉明龙泉窑观音像,可知明代已有渔民来此捕鱼。

岛上的沙堤长有植被,多以羊角树群丛为主,因无人料理,长势茂密,难以穿过。井边有百年老椰树,渔民所种,高 20 米。羊角林中有藤本植物攀援其上,如牵牛花等。

琛航岛面积相对较大,是宣德群岛的航道中心,地理位置十分重要。1932 年,法国派兵登陆此岛,1956 年,此岛由南越派军队占领。1974 年 1 月,我军发动自卫还击战,收回该岛,牺牲多人,现建有烈士纪念碑在岛上以兹纪念。

琛航海港海水极为清澈平静,从岸边望去,海水由淡蓝向蔚蓝过渡,色彩斑斓十分壮观。海滩边排列有序的"星星",点缀着琛航岛码头,时刻吸引着来岛观赏游客的"眼球"。

这是一种无脊椎动物海胆,生活在水质清、潮流畅通、受风浪影响小、浮泥少、透明度较大的海域中,有八九百种。

【甘泉岛】甘泉岛位于永乐群岛西部，南距羚羊礁约有10千米，北距珊瑚岛约3.5千米，低潮时可涉水过珊瑚岛。呈椭圆形。岛南北长700米，东西宽500米。

甘泉岛地势较高，中间低平。周围有珊瑚礁环绕。东南有浅水码头，可停靠小舢板。

岛上植物主要有不多的避霜花（麻风桐树），但草海桐（羊角树）丛生，沙堤上有海岸桐（黑皮树）林。

甘泉岛有水井，且水质较佳，可饮用。岛之西北，有我国渔民建造的珊瑚石庙。1974年3月，在岛之西北部发现一处唐宋时期的居住遗址。清末（1909年），广东水师提督李准巡海至此，发现此岛中部低地，有淡水井两口，其泉水甘甜，李准在日记中记载："已得淡水，食之甚甘，掘地不过丈余耳，余尝之，果甚甘美，即以名甘泉岛，勒石坚桅，挂旗为纪念焉。"因此命名"甘泉岛"。我国当地渔民向称"圆峙"、"圆岛"。

1974年3月，我解放军战士在甘泉岛的西北部挖出7件唐宋瓷片，考古队员们在此基础上原地开探，发掘出土37件瓷片。1974年和1975年对西沙群岛的多个岛屿展开了考古调查，在甘泉岛西北端发现了唐宋两代的居住遗址，证明西沙群岛自古就是中国领土。1996年，考古人员特地树立"西沙甘泉岛唐宋遗址"石碑，这是中国在南中国海树立的第一块文物保护碑。2005年又被列入第六批全国重点文物保护单位，成为我国最南端的文物保护单位。

[卷一] 人文南海

【金银岛】在甘泉岛西南,相距 13 千米。此岛长约 1275 米,宽 560 米,四周围以沙堤,比中部高 2 米,形状若碟,若盆。内有水井数口,水可饮用。金银岛实为一小环礁,西面礁盘上有一沙岛,岛东南又有 2 个小沙洲,西南有 3 个小沙洲。

小环礁中部有一泻湖。东北面礁盘上还有 4 个沙洲。泻湖有缺口,在西南面,缺口可出入小舟及帆船。

低潮时,礁盘水浅,其间可走行人。大潮时,沙洲每被淹没,故而树木不生,只长耐咸水草。

金银岛上有植物白避霜花与竿海桐,丛生,茂密非常,可吸引鸟类来栖息。另外,岛上人工种植的海棠树也已亭亭如盖,很高大,树下有井,井水可供饮用,但味不甘。

金银岛得名,据说有渔民曾在此岛挖出金银锭。原来,

金银岛系海盗的落脚点。海南渔民称之为尾岛。

【全富岛】为西沙群岛中的一个小岛。面积小，东西长360米，南北宽240米。距鸭公岛约5千米。此岛无人。但周围海域水产丰富，有各类海产品，故名。

全富岛附近海域，分布着大量珊瑚礁盘，水浅，一般船只或者小艇，在退潮时很难顺利登上该岛。

全富岛上，以细软的海沙为主，四周有沙堤，北高南低。洼地位于岛的南部，高潮时被海水淹没，沙脊出水时也只有1米左右。因而常被人们认为是刚刚出水的新沙洲。

全富岛形成于清代，1974年水下考古时发现了一批嘉庆至道光年间的磁瓷。台风时，岛形可产生变化。四周海水清澈、透明，可凭肉眼看到海底的景象。

全富岛，一个无人居住的海岛，保留着最原始的风景，细软的海沙，清澈的海水，沙滩上可供游客休憩的白色帐篷，还有旁边散落着的植物，远远望去碧海蓝天相接，这样的景致怎能不与马尔代夫相媲美。

【珊瑚岛】岛呈椭圆形，长约 900 米，宽约 450 米，最高处约 9 米，是永乐群岛中最高的岛屿。清宣统元年（1909）李准巡海时，发现此岛珊瑚极多，遂命名珊瑚岛。中国渔民向称老粗岛、老粗峙。岛东部有旧码头。岛四周沙滩上灌木发育，鸟粪层也多，为永乐群岛最丰磷矿岛之一。

该岛曾有大面积的林木。今有人工种植的木麻黄、椰树等，中部有水井 1 口，在椰树旁边，水甘清可饮，而西部井，则受鸟粪污染，有异味，不能饮用。

该岛早为中国人民所开发，今天在岛上各处均有清代瓷器发现，且多日常用器，如青釉瓷碗、杯等。

岛上建筑物有小庙 1 间，在岛西南端，乃 1934 年潭门渔民们筑，内有石神像 1 具。岛上建有气象站，岛南面的礁坪上开有航道，供小船停泊。

该岛地理位置十分重要，又有井水，故先后被法国人、日本人、越南人等占领。1974 年 1 月，中国与越南海战，才夺回该岛。目前岛上有气象台、航道码头等。

【晋卿岛】在琛航岛东北约 3 千米处。椭圆形，东北到西南走向，长约 700 米，宽约 300 米，高约 4 米。岛中间有泻湖，已干涸，周围丛生着羊角树。该岛之名，是纪念明成祖永乐年间、协助郑和下西洋航海的三佛齐宣慰使施晋卿。

西沙群岛东北面的弧形礁盘上，晋卿岛是最南的一个岛屿。岛上杂木丛生，多为鸟粪土，步行困难。如此厚的鸟粪层，可见此岛曾经绿树如茵。事实也正是如此。清末文献记载，这里曾有树，数丈高，树干大可合抱，枝叶纷张，岛上海鸥甚多，土质黑色。而今，强大的海流变化与风暴的频袭，岛上的环境已发生变化。岛上林木稀疏，不及前高大，海鸟已去，土质表层，多为白沙。因该岛鸟粪太多，故水不能饮。

该岛有渔民小庙两间，一庙刻"有求必应"字样。岛东南角，在沙堤顶部深 1 米处的沙层中，1974 年曾掘到宋钱 1 枚，上有"圣宋元宝"字样。这枚钱是北宋徽宗靖国元年铸，据此，可知此沙堤在近千年中，已增高 1 米。

晋卿岛礁盘较大，以产海龟出名。此外，这里还是著名的海参场。因礁盘外缘的沟谷系统发育良好，故小舟入岛方便。

【鸭公岛】鸭公岛在西沙群岛的永乐环礁中，该岛四周水深较浅，有广阔的礁盘分布，大中型船只无法通航，进出鸭公岛附近海域，只能通过渔船或小艇。岛屿多由礁块构成，有少数草本植物。

岛内有一天然浅湾，许多小船泊于此，路基本是由细小、零碎的珊瑚礁石组成，目前，整个岛上，仅有树木 10 余株。

渔民在岛上建有低矮的房子，彼此相连，屋顶压以大块珊瑚石和大型贝壳，这样可防止台风刮跑屋顶。房前屋后，有渔民种植的椰子树。

鸭公岛水域，以产贝类为主，南海特产马蹄螺，即产于该岛。

在鸭公岛附近水域，海水清澈见底。渔民们常常趟着水，就能寻找珊瑚和贝类，有时候也能在此发现沉船的残骸。

【广金岛】在琛航岛礁盘上，有另一小岛，名广金岛，因以纪念清末巡海到此的"广金舰"得名。面积小，有沙堤和琛航岛相连，低潮可涉水而过。

两岛之间的距离约370米。略呈三角形，面积约为0.08平方千米，沙堤宽10~30米。岛上丛林遍地，有水井一口，水不能饮，井旁有椰树。

【北礁】西沙群岛最北的一座暗礁，是为北礁。环礁，椭圆形。空中府视，若芒果，礁石若盆，为一泻湖，水深在18~36米不等。西南角，有一狭窄水道，可通行。进入礁内的道口约30米宽，可靠10吨船只。

北礁一带，多大浪急流，暗礁隐伏水下，历来是航海多事之地，是南海著名的"百慕大"恐怖区，古今不少商船，在此触礁沉没。

1979年6月底，解放军海军南海舰队和渔民共同组成施工队，竖起一杆9米高的灯桩，指示过往商船。1980年5月重建，筑成现代化灯塔，高20余米，照射距离，将近30千米。

北礁附近海产品丰富，有海参、海鳝、石斑鱼等名品。

【盘石屿】在华光礁东南，长约6.8千米，宽约3.5千米，礁盘发育完整，退潮时，能隐约出水，涨潮时，则淹没。礁盘上有一泻湖，有出入口，在西南角，10吨小船可驶入，水深在15米以内。

礁盘西部有小沙洲，出水时约2.5米，强台风过境时，即被淹没，故未生树木。掘地60多厘米，可得淡水，略带咸味，略可饮。

沙洲上时有草生长，但台风过境，沙洲起伏变幻，草便不见了。

岛屿周围水产甚丰，有海龟、黑狗参和方参以及砗磲，马蹄螺等。

海南渔民俗称盘石屿为白树仔、白峙仔、白礁。

羚羊礁没有沙滩,小岛四周是人工用珊瑚石块堆起的一圈防护堤。房子全部是内部用木板,外面用珊瑚石块垒起来的。岛上最多时有30个左右的渔民在驻守,有二十几间渔民的小房子。他们都是来自海南岛的渔民,常年在此打渔。

【羚羊礁】在永乐环礁西南角,封闭环礁,无出入通道,略呈三角形。低潮时,此礁盘能出水。礁盘东南有沙洲,为白色珊瑚沙堆成,高出水面约2米。非特大潮不淹没。此礁距金银岛约6千米,因形似羚羊而得名,海南渔民称为"筐仔"。

封闭泻湖内,水深不足1米。

羚羊礁周边水域异常复杂,暗礁林立,船只难行。但这里有多种珊瑚,瑰丽若海底花园。同时,这里也是西沙群岛著名的渔场,本礁上有简易房屋,渔民就地取材,以珊瑚石为材料筑成,略可抗击台风。

羚羊礁上设有"中国·西沙羚羊礁警务区"的警务碑。

【玉琢礁】位于永乐群岛东南部,此为环礁,礁盘较大,有各种块状珊瑚石出水,此礁又有玉琢岛之称。环礁内泻湖,水深在7~14米。北侧,有出入通道,可航行30吨以下船只。环礁外侧,水越深。

玉琢礁一带,马鲛鱼最多,渔民多在此捕捞,其他海产有珍贵的海龟、蠵龟、玳瑁和龟蛋。所以,这里被海南渔民叫作"钱筐"。

玉琢礁和华光礁、盘石屿三足鼎立,是西沙又一个浪激水灵的地方。泻湖外是深海，礁盘上下水深相差上千米。

因玉琢礁水道复杂，在古代，这里是古航道的危险区域，沉船较多，故而文物也多。

【华光礁】华光礁是西沙群岛中的大环礁，渔民叫它"大筐"，位于永乐群岛之南、西沙群岛的最南面。出水礁石围成一个椭圆形的泻湖，湖水深20米左右，东西约30千米，南北约10千米。泻湖有出口2个，南北各一，南水道较大，可出入百吨级船舶；北门小，只能进出几十吨船只。此泻湖可做避风港。

本礁是西沙优质渔场，农历正月到五月，海南渔民多来此捕捞。附近鹦嘴鱼（又名双曼公），数百尾一群，每尾有四五十斤，用围网，每次可捕获数千公斤。礁盘上另有大量海龟，以及各种螺、贝类、海参等特产。

【中建岛】此为台礁上的沙岛，海南渔民称为"螺岛"，因以产马蹄螺闻名。地处西沙群岛最南，又在去南沙群岛途中，故又称为"半路峙"。1946年，中国派军舰"中建号"接收该岛，才改名。

因是礁盘沙岛，四周高沙堤，中部底洼，有常积水，水深不足1米。海拔亦不高，为2米。岛略呈圆形，长1200米，宽1000米。该岛低潮时，高出海面3米，高潮时，出水不足1米。沙堤受东北季风影响，以东北部为高。台风过境时，高潮可以淹没岛屿大部分，故地形变化大。时为沙洲，时为沙岛，皆因地貌不定，常受海水淹没，故树木难以自然生长，曾经寸草不生，被喻为"南海戈壁"。现有植被，皆人工植株。

因沙层厚，可贮水，遇雨季，挖地一两尺可得淡水。

每年3~7月，来该岛栖息的海鸟甚多，为西沙群岛中海鸟最多的一个岛。

西沙水道之门

【赵述门】赵述门是把七连岛的大礁盘,截成两部分,中间这片空隙,即称赵述门,赵述门宽约1260米,最浅处4米,深处不足10米,水流甚急,可行300吨船。

门内水流很急,主要是环礁内湖和外海有高差。门外水深,可达百米以上。

【红草门】七连屿和永兴岛之间,有一水道,宽广,幽深,宽处达6000~8000米,水深约百米,外围水深在百米以上。内湖水深在50米左右。水道周围,没有断裂的地质现象,故此水道应为地壳略作下沉而形成。

【老粗门】珊瑚岛和甘泉岛之间,有水道名老粗门,珊瑚岛俗称老粗门,故命此名。珊瑚岛永乐群岛枢纽,地理位置十分重要。从海南来的船只,经连日航行后,最生来到的,即珊瑚岛,然后由老粗门水道,进入永乐群岛。

南海珊瑚礁在不断发育的过程中,有的礁石会形成泻湖。泻湖有全封闭的,叫内海。有门道可供船只进出的,俗称"门"或"湖口"。图为泻湖的"门"。

老粗门水道宽广，宽达2400米，水深约2米，最深处达45米。其底部为珊瑚碎屑，活珊瑚稀少。因西南海流冲击力较强大，老粗门水道才有如此宽广。

【全富门】在全富岛和珊瑚岛之间。所谓全富，传说有二。一是此海域水产丰富，多珍稀海产，来此即可致富。另一说，此海域沉船多，来此可获财富，故名。

此水道近南海航路东侧，为主要航道，商船往来颇多，在此遇难的也多。

水道中，少珊瑚礁头（即礁墩），多为沙底，西南潮流冲击力较大。水道宽达3000米，深20米以上，船舶可自由出入。

【银屿门】在银屿和全富岛间的水道，名银屿门，这条水道较差，深5~20米，宽度在1200米以上。水浅并有礁墩发育。

【石屿门】石屿和银屿之间的水道。宽1500米，水道浅，深5~16米，礁头较多，不利航行。

【晋卿门】在琛航岛和晋卿岛之间，深而广，为重要航道。宽2000米。深达40~50米，以沙底为主。

【甘泉门】在甘泉岛和羚羊礁之间。一边是岛，一侧为礁。水道深宽，最狭处宽千米，水深20米，有利航行。广金岛和筐仔沙洲之间亦有水道与外海相通。

此图为华光礁，只有南北两门与海相通，可供船只进出，但是门两侧礁头多，不利于航行。

（二）红毛浅：中沙群岛

中沙群岛，古称"红毛浅"、"石星石塘"等，位于南海中部海域，西沙群岛东南，距永兴岛 200 千米。中沙者，位置居中也。该群岛北起神狐暗沙，南止波洑暗沙，东至黄岩岛。

中沙群岛，为一环礁盘，上有 20 多个隐没在水中的暗沙、滩、礁、岛组成。

中沙群岛大部分都潜伏在水中。

中沙环礁，是各种珊瑚生息的场所，大块的滨珊瑚、脑珊瑚、鹿角状珊瑚、玫瑰珊瑚、石芝和种种海葵，海胆海星等，构成了旺盛的珊瑚礁生物群落。生物品种繁多，引来大量鱼类，故中沙群岛海域，为极好的渔场。

清代，我国著名的旅行家、航海家，有中国的马可波罗之称的谢清高，随外商船遍历南洋群岛各地，著有《海录》一书。书中记载：

向南行少西，约四五日过红毛浅。有沙坦在水中，约宽百余里，其极浅处止深四丈五尺。过浅又行三四日到草鞋石，又四五日到地盆山，与内沟道合，万里长沙在其西。沟之内外，以沙分也。万里长沙者，海中浮沙也，长数千里，为安南外屏。

中沙群岛示意图

书中说此地环礁"约宽百余里,其极浅处,止深四丈五尺"(约合 15 米),与今测量所得,基本相符。

中沙环礁,因水下有暗沙和暗滩,海水深绿,波浪肆无忌惮,四处奔涌。

中沙环礁虽隐伏于深水,但此域多珊瑚,且生长旺盛。也许,若干年后,会有些暗沙浮出海面,成为新的沙洲或岛屿。那时,中沙群岛海域,就会星罗棋布,成为名副其实的群岛了。

上图:有珊瑚礁的地方都是各种鱼类的家园。水下的海葵及与之共生的小丑鱼是与海葵有着密不可分的关系,因此又称海葵鱼。带毒刺的海葵保护小丑鱼,小丑鱼则吃海葵消化后的残渣,形成一种互利共生的关系。有些鱼类长得很是漂亮、奇特,他们和一些共生鱼类生活在一起,组成一个美丽的水下家园。

下图:鹿角珊瑚、结群而生的珊瑚。鹿角珊瑚为大型个体、珊瑚骼灌木状,分枝距离大,群体长达 200~500 毫米;直径 5~20 毫米,顶端小枝细长而渐尖。鹿角珊瑚有超过 150 个品种,占全世界已有记录的石珊瑚品种数目的 20%。鹿角珊瑚是重要的造礁石珊瑚,海岛的形成离不开这种珊瑚的死亡遗骸作为主要基础。其石灰质的骨骼是构成珊瑚礁的主要成分,还可用于建筑材料或做工艺美术品。

【黄岩岛】

黄岩岛附近海域,自古以来,就一直是中国渔民的传统渔场。在南海,黄岩岛可算是中沙群岛之一,且是唯一出水岛屿。四周为水底礁盘,环形,距水面半米到3米。礁盘外形略呈三角形。其内部形成潟湖,面积约为130平方千米,水深10~20米。

潟湖东南角,有水道与外海相通,水道宽400米,中型渔船和小型舰艇可由此进入,从事捕捞或避风。

最早发现2000多年前,我国渔民就首先发现了包括黄岩岛在内的南海诸岛及其海域,并首先予以命名,东汉杨孚《异物志》有"涨海崎头,水浅而多磁石"的记载。自宋至明清,我国史书中,记载南海诸岛为"石塘"、"长沙",包括黄岩岛在内的中沙群岛,即在此域。

与西沙、南沙岛礁密集不同,黄岩岛是周边数十万平方千米海域内唯一露出水面的礁盘,战略地位十分重要。而且这个礁盘面积巨大,达到150平方千米,超过了南沙任何一个单独的礁盘,为南沙美济礁面积的3倍,可以说中沙黄岩岛是"少而精"的岛礁。

[卷二] 人文南海

元世祖于至元十六年（1279）三月二十七日，敕令郭守敬亲自"由上都、大都，历河南府，抵南海，测验晷景"。郭守敬在南海选定的27个纬度基点，进行测量，黄岩岛即是其一。郭守敬通过实测，为我们留下来一些宝贵数据，就是我们今天考定其测点具体位置的重要科学依据。此举系国家正常公务活动，史料中有确切记载。

长期开发黄岩岛海域，系我国渔民传统捕鱼场所，潭门镇的渔民每年都会来到这里捕鱼。我国政府多次派科学考察队至黄岩岛考察。1994年，我南海科学考察队，在黄岩岛上建有1米高的水泥主权碑。1997年，此碑被菲律宾炸毁。

主权管辖中国最早将黄岩岛列入版图、实施主权管辖。元朝时期的"四海测验"就官方行为。中国政府于1935年、1947年、1983年、1994年数次正式公布黄岩岛名称。黄岩岛从古至今，一直在广东省、海南省的管辖之下。从20世纪70年代，有多批次国际无线电爱好者，向中国政府申请，并获准登岛探险。此为中国行使黄岩岛管辖权的直接证据。

中国渔政船在黄岩岛附近护渔。

南沙群岛示意图

（三）万里石塘：南沙群岛

位于中国南疆的最南端，北起雄南滩，南至曾母暗沙，东至海里马滩，西到万安滩。

唐代徐坚《初学记》中，提到南海的"石床"和"石塘"；

宋代《岭外代答》描述南海"长沙、石塘"数万里；

明代《古今图书编》描述万里石塘的景象："潮至则没，潮退方现"，一如今日所见；

明代黄衷《海语》中记载"万里石塘"上"风沙猎猎，

晴日望之如盛雪"。这是我国对南沙群岛中，关于沙洲的最早、最生动的描述。一片汪洋大海之中，碧波蓝天之间，忽现一马平川的雪色沙地，那样的强烈对比，该是多么壮美，又是多么惊心动魄的一幅画面。

南沙群岛，在南海诸岛中的岛屿数目最多，分布面积也最广。已定名的岛、洲、礁、沙、滩达185座。南沙群岛主要的洲、岛有13个，即太平岛、中业岛、西月岛、南威岛、北子岛、南子岛、鸿庥岛、南钥岛、马欢岛、郭谦沙洲、费信岛、景宏岛、安波沙洲。

南沙群岛，属海洋性热带雨林气候，气候反差大，高温、高湿、高盐，年平均气温28至30℃，夏季地表温度高达60℃。

太平岛属热带海洋性气候，温度常在21℃~35℃之间。夏季6、7月西南季风强劲，造成了西南风向和海流，且时受台风外流影响，雨量丰沛；冬季约11、12月则气候与夏季相反，皆为雨季。

第二章　耕海牧渔：民间闯海

（一）文献与古迹实录

南海群岛的历史，就是一部中国先民的海洋开发史。在原始社会，我东南沿海居民，开始向海洋进发，寻找必要的食品。他们对海洋不断探索，最初，是为了裹腹，后来，渐渐发现了海洋珍宝，并取之成为贡品。

3000多年前，南海沿岸的一些百越部落首领，将从海洋中采集到的珠玑、玳瑁，以及岭南的象牙、犀角等珍品，献给商王。战国时期的《逸周书·王会解》记载，商王制定"四方献令"称："正南……请令以珠玑、玳瑁……为献。"

另外一些史籍，如《史记》、《汉书》、《吴录》等古籍，均有我国先民闯荡南海，捕捞海螺、珠贝、玳瑁等珍品的记录。

唐代，海南渔民至南海，信奉神灵，每到一处，必要筑庙拜祭，以求丰收与平安。有了庙，才可以有安心筑屋。考古发现，甘泉岛上，有一处唐宋时代的遗址，为居室，同时，出土大量铁锅碎片、烧煮食物的炭粒灰烬、陶瓷碎片、铁刀和铁凿残片，另有吃剩的鸟骨和贝壳。

明代海南学者王佐，在其《琼台外纪》中记载："（万）州东长沙、石塘，环海之地，每遇铁飓挟潮，漫屋淹田。"描述了台风和风暴，毁坏岛上渔民房屋和淹没田地的情况。

自宋代起，南海渔民有了自己的宗教信仰，其中最著名的是海上女神"妈祖"，海南人称"婆祖"，又称"天妃"、"天后"等。

1996年中国渔民在华光礁潜水捕鱼时,发现一艘南宋古沉船,被命名为"华光礁1号",经水下考古发掘,共发掘出万件古瓷器。

明代郑和下西洋,曾有一个"天妃护航"的传说。由于南海气象万变,各种灾害频发,仿佛一种巨大的魔力在冥冥之中掌控着一切,于是拜神之风日盛。渔民航行南海,只要有岛,只有能有立锥之地,皆要筑垒神庙,材料不够怎么办,那主筑小庙,一点点大也行,只要能摆放神像即可。

至今,在南海诸岛,仍有明清时期的一些神庙遗存,大小不一,数百年的惊涛骇浪,一些神庙中,还存有神像、佛像等。如琛航岛上的"娘娘庙"中,供有瓷观音像;北岛小庙中,供有木制的神牌;永兴岛孤魂庙里,立有拜祭的神位等。

中国渔民开发南海,在外国人的著述中,也有记录。

英国海军部海图局编的《中国海指南》(1868年)

上图：在西沙群岛沉船遗址中发掘出的各个朝代的钱币。

左图：在西沙群岛海域出水的明代石雕女子头像。高29厘米。青石雕琢，略呈圆形。头发高绾至顶部，用花顶形簪拢住，花胜插于额前发上，挽于耳后。面容丰满，眉目低垂，温婉，鼻部稍残，唇微抿，神态宁静安详。

下图：打捞上来的海底沉船的船板。

中记载:"海南渔民以捕取海参、贝类为活,各岛都有其足迹,亦有久居礁间者。海南每年有小船驶往岛上,携米粮及其他必需物品,与渔民交换参、贝。船于每年12月或1月离海南,至第一次西南风起时返。"

1917年,日本商人平田末治,随日本海军来到我国的南沙群岛"探险"。他在报告中这样写道:"华人五百余户定住在各岛,经营渔业。"(1933年8月6日,《时事报》东京特快讯)

1933年7月14日,国民通讯社马尼拉讯载:"该岛(南沙群岛)中仅有少数渔民居住,海南岛渔舟也常往其处。"

1933年8月18日,日本大阪《每日新闻》社派记者至我南沙群岛调查,报道:"二十五日抵达目的地北二子岛……从海南岛来的两个中国人,以举手礼欢迎了我们。""岛的南面也有房子,住有三个中国人。"

《新南群岛概况》(日本人著,抄本)中记载:"(中业岛)中央部有昔时被此岛居住者采伐为开垦地,现在也有当时栽种之甘薯类生长于此。此岛之南西端,有人工造林之古椰子林,其果子被渔民或航驶到此之人采取供为饮料者颇多。"

从1901年中日《马关条约》之后开始,日本侵略者的魔爪就一步步伸向中国南海海域。图为1937年至1945年之间日本侵略者在侵占中国南海的时候,在南海进行采矿等作业。

（二）老渔民的讲述

【打鱼实录】

在南海打渔者，多为海南渔民。海南岛前称琼崖，位于我国雷州半岛的南部，横卧于碧波万顷的南海之上，孤悬海外，为中国领土之一环。千百年来，不断有陆客涌入，他们从吉水、吉安、大余、泰和及福建宁化、广西灵川等地渡海来琼，生息繁衍，这就是海南的客家人。人口不断膨胀，海岛本身山多地少，向南海要生存，成为海南渔民的主要生活内容。

世世代代的海南渔民一直是南海的主人。很多年前，南

2012年，在南沙深海区又发现了两个品质上好的渔场。一晚上可以下10到20网，一网能捕获两三千斤海产品，鱼类十分丰富。

海的海产品比现在还要丰饶与繁多，只要出海一趟，那可满载而归，同时，丰收与灾难并存，在那个生产力低下的时代，没有先进的航海设备，全靠人力与经验，于是无可避免地产生了一个又一个悲壮的故事。有的葬身海底，有的死里逃生。这些从惊涛骇浪中侥幸活下来的渔民，是南中国海的见证者，他们以海为生、以岛为家的辛酸往事，已成为中国人民海疆开拓史的重要组成部分，并且，中国渔民以大无畏的勇于探索的精神，创造了独特的中国南海海洋文化，这是中国人对于世界海洋文明的重大贡献。

1977年5~7月，厦门大学南洋研究所的科研人员，来到文昌、琼海等县访问老渔民，请他们讲述打渔南海的经历。这些老人所陈述的内容，比收录在《我国南海诸岛史料汇编》（韩振华主编，1988年东方出版社出版）。

1987年，广东省地名委员会编辑出版的《南海诸岛地名资料汇编》，也收录了海南文昌、琼海两县曾到南海诸岛从事渔业生产的渔民名单和他们的简历，共有240多人，并附有29位渔民的照片。

这些珍贵的回忆和讲述，令人唏嘘不已。下面这几个片断，全部来自海南老渔民讲述，虽然他们早已不在人世，可从这些字里行间，我们可以感知他们在讲述时饱含深情，充满着对于南海的眷恋与热爱。

蒙全洲（原文昌县铺前镇七峰村老渔民）讲述：

"我是文昌县铺前公社七峰大队人。祖辈都以渔业为生。据我所知，我祖父蒙宾文从年轻时起，约在清嘉庆（1796~1820）年间就由同村老渔民带到西沙、南沙群岛去捕鱼。在南沙的黄马山、奈罗、铁峙、第三、南密、称钩、罗孔、鸟子峙等岛都住过……

我父亲蒙辉联从十几岁开始，约在清咸丰（1851~1861）

渔民们正在把捕捞上来的鱼进行分类。

年间直至年老（清光绪末年逝世）为止，每年都去西、南沙群岛打渔过活，替船主干了几十年的工……祖父和父亲都做过船上的五种工作，即火表，大缭，阿班，头碇，三板，又称五甲。

我十几岁就跟爸爸到西沙、南沙群岛去，看见爸爸到南沙的奈罗岛后，就杀猪拜佛，使大家都高兴高兴，当时迷信，若不拜佛的话，就不平安，下海就会被鲨鱼咬。我亲眼看见爸爸等长辈在南沙的岛屿挖水井，种番薯、椰子和蔬菜，冬瓜、南瓜都可以种，就是不能种水稻。"当时去西沙、南沙一带捕鱼就有《更路簿》，详记各岛、屿、礁、滩的航程。

传说文昌县林伍市北山村有一位老渔民会跳神，其神名叫"洪嘴弹"，当时，神是被认为高上的，船开到哪里，都由他吩咐，跳神的说几更船到什么地方，何地何名都由他说。

蒙全洲十五岁的时候，到西沙群岛去捕鱼，当时的西沙群岛就有七连屿，渔民们分别称之为：红草一，红草二，三峙，

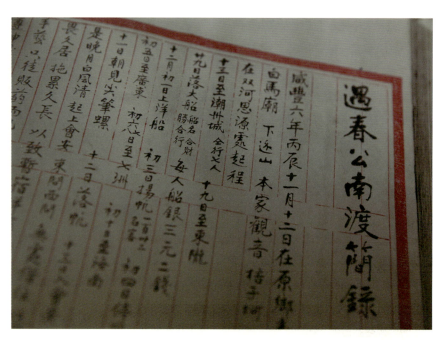

图为清朝名将杨遇春南渡时的全程记录。

只。再从南沙到新加坡，需50～60更，从母猪头到昆仑31～32更，从昆仑到罗汉头18更，从罗汉头到大佛（华列拉岬）6更，从大佛至外罗12更，从外罗到大洲18更，从大洲至清澜6更。

这条线路，是海南渔民的传统航线。由海南岛清澜出发，到西沙和南沙捕鱼、拾螺、捞参，再运到新加坡销售后，沿越南东岸北返海南岛的航线。

蒙全洲讲述的航线是：清澜到西沙的巴兴（东岛）16更，西沙的三筐（蓬勃礁）到南沙的艾罗（双子礁）28更，鸟仔峙（南威岛）、乙辛（日积礁）到新加坡70更，从新加坡回到海南要120更。

渔民在航行途中，辨别方向和海流，有一套奇特的办法。

老渔民彭正楷讲述：一条船要准备两三个罗经（用个盒子点灯，罗盘针放其中），大工旁边要安置两个罗经（放一个罗经怕万一失灵），船长处也有一个罗经，用以纠正大工的错误。

在海中测验水流，是用炉灰捏成饭团一样的形状，抛入水中，看其溶解程度如何，若炉灰团只溶解，一点点沉下去，则水流正常。若炉灰团很快溶解或被冲走，则水流不正常，此时就要从中窥测水流方向。

【收获海产】

蒙全洲回忆说："当年，蒙全洲在南沙捕捞，主要的产品有公螺（马蹄螺）、海参、海龟等。公螺价格高，乳螺（白脸螺）价格低。一只船在一个季度里，可捕公螺几百担，每担100多银元，最贵的时候，一担公螺价值200银元。公螺壳在晚上还会发光，很奇妙。"

新中国成立前，到南沙去捞公螺的船很多，有时一批就有四五十只。

公螺在南沙的分布，主要有银井（安达礁）、铜钟（南海礁）、簸箕（利加礁）、海公（半月暗沙）等地。

海公是个环形礁，物产最富，有缺口进出礁内，可泊船，这里没有树木生长，但公螺、海参极多，一条海参重达15千克。

深筐（榆亚暗沙），白参和黑参最多。当时，内陆的北平一带，售价最高。白参晒成干，7.5千克晒0.5千克干，也就是说，一条参就差不多能晒成0.5千克干。

海龟在南沙也是极多的，捕捉之后，也是晒成海龟干。

至于生蚝，那就更多了。捕捞方法很特别，因为蚝在海底，就用海棠油泼下去，这种油有一种特殊功效，可以清楚地看到海底的蚝。再用蚝钩把蚝连壳从海底钩上来。

那些长年住在岛上的人，因为常常下水，海参和蚝等，为了自卫，常常释放出一种气体，久而久之，渔民的头发都被这种气体染黄了——若在海边看到渔民的黄头发，常常误以为是赶时髦染成的，其实不是。

南沙的海鸟太多，渔民们不费什么事，就能捕到很多海鸟。其中有白鸟，鹅鸟，白玉鸟，鸥双鸟等。这些鸟主要吃小鱼为生，很肥硕，以鸟子峙、罗孔（马欢岛）为最多，捕捉很简单，没事了，带个口袋去捉就是了。有的鸟吃太多，又肥壮，飞不高，就很容易捉住。简单加工之后，晒成干，带回海南。

【南沙居民】

蒙全洲回忆说："在南沙群岛，有很多渔民住在那里。他们用席草、椰子叶做棚，草海棠树、牛棚树做屋梁。住岛的人第一年冬天带足米盐等必须品，第二年不回，就住在岛上，所需物资，可开列清单，托其他渔民捎带。渔民在海岛上，就开始了生产。他们捉海龟，海参，也捞马蹄螺，此外，还在岛上种花生、葫芦、地瓜、冬瓜、南瓜和蔬菜，因岛上的土壤极其肥沃，蔬菜长势很好。一个地瓜可长9千克重，新种的椰子几年即可结果。"

海南渔民捕捞南海诸岛，冬去夏返，作业时间以数月数年计。那些岛礁就成为渔民的生活基地。

老渔民符国和讲述："有些渔民专门住在岛上，搭草棚居住。有的渔民就住在岛上，不回海南，这是因为可以减少航行中的危险。尽管海岛也常有台风，但比起船上要安全得多。有的一直到第三年4月，刮西南风时才回来。粮食及生活用品，

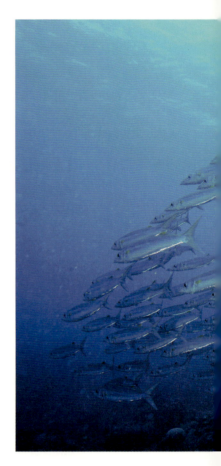

可由其他船捎带。"

　　住在岛上的渔民,一边下海捕捞,一边进行简单加工,把一些海产品制成干制品,如晒海龟干、鸟干等。

　　南沙的海龟很多,产卵季节爬上岸,只要把它翻过来就抓住了,住岛者,每人每年可赚 1 千元光洋(这里指七钱二分的袁世凯人头像光洋)。

　　蒙全洲讲述:"在南沙群岛住岛的人,搭草木棚住,用草席、椰子树叶作棚。黄山马(即太平岛)有草海桐树、牛棚树(即野枇杷)可做屋梁,亦可做船木。住岛的人在

每年的渔汛来时,西沙海面上全是白花花的各种海鱼。每年的这个时候,渔民们便驾驶各种机帆船从海南岛来到西沙海域下网捞鱼,有时一网下去,就是上千斤的海鱼。

第一年冬季带足米、盐等生活必需品去，第二年不回。住在岛上生活所需物资，开单托人带回海南岛，待来年来南沙捕鱼时带来。在南沙，有人住的地方就有庙。住岛的人随手盖起，并写上神名。"

琼海潭门镇草塘村老渔民柯家裕讲述："乘冬季十一二月东北风南下，带足一年粮食，经西沙直到南沙，在小奈罗住下来后（小奈罗的水较好，大奈罗的水则较咸），除了捞海参、公螺、捉海龟外，还在岛上种蔬菜，南沙种的菜长得很好，葫芦长得很大。"

文昌龙楼镇尤新村老渔民梁安龙讲述："北海（南沙）的黄山马、南密（鸿庥岛）、第三（南钥岛）等岛，都有我们渔民先辈种植的椰子树，这些椰子树都已有七八十年，高过屋顶，黄山马的椰子树有的还超过100岁的。"

文昌东郊良田村渔民王安庆（1997年64岁）说："在南沙各岛，有井就有人住过。罗孔（马欢岛）、红草（西月岛）、奈罗（双子礁）、铁峙、黄山马、鸟仔峙（南威岛）等岛，都有我们渔民挖的水井，铁峙的水井是用石头砌起来的。"

符用杏讲述，到南沙时，群岛中的奈罗、红草、罗孔、第三、黄山马、南密、称钩、女青峙等岛，均常去。这些岛中，以黄山马为最大，黄山马亦称大马。初到南密时，岛上已种了100多棵椰子树，还有香蕉和菠萝。铁峙的珊瑚碎石太多，那时，渔民们根本没有鞋，光脚走，挑水走路很不方便，只好先用树叶铺在路上，再行走。

当时，在西沙、南沙一带海域捕鱼，都是中国海南的渔民。从未见到过越南渔船来这里。因为越南的渔船很小，经不住大风大浪。也就不来了。

这些远航的渔民中，有一些人，因为海难，还有疾病，就永远留在了南沙，挖个坑，埋了，垒石为坟。

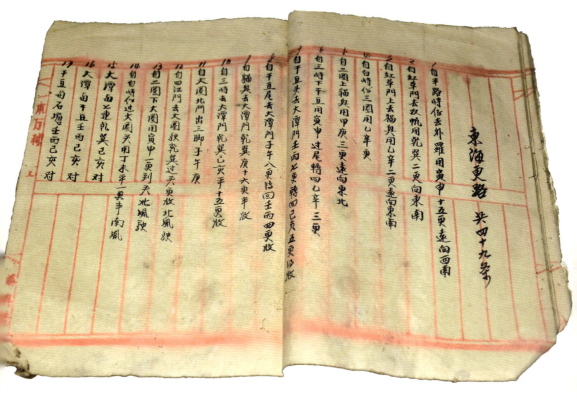

（三）航海秘籍：《更路簿》

海南渔民的主要生产作业场所，就在南海诸岛。风里来浪里去，他们南海诸岛的地理位置、航行路线、渔场分布、岛礁名称等，都有着最原始最朴素的记录。世代相传的手抄本《更路簿》，那是其一。

目前所见，《更路簿》又名《水路簿》、《定罗经针位》、《西南沙更簿》、《顺风得利》等，约10余种。主要记载了海南渔民，从文昌县的清澜港或琼海县的潭门港出发，航行至东南亚各地，特别是航行至西沙、南沙群岛，以及这些

《更路簿》中，共收录南海诸岛由渔民命名的地方98处，其中西沙群岛有22处，南沙群岛有76处。从不同版本的《更路簿》看，它应该是几代渔民甚至数十代渔民集体创作而成，并用大家约定俗成的方式给南海海域和南海诸岛起了各种形象生动的礁名和岛名，以利于船只航行和靠泊。《更路簿》上不仅标有岛屿和礁盘的位置、航行线路，还标有渔场分布情况。

海南渔民进行远洋捕捞，其航行必备工具主要就是靠更路簿和罗盘。罗盘不大，一手可握，黑色漆面上用白漆写着"甲寅艮丑……乙卯"等表示方位的字。

岛礁之间的航向与里程。最为可贵的是，渔民们对南海诸岛，都有通俗的命名。

经现代科学的精密测量，再对照《更路簿》中的里程，大致相符。

《更路簿》的内容大同小异。均载有南海海区划分、航行起止点，航向、航线、航程，风况、海况、水情，岛礁方位、地貌与命名等项，是名副其实的一部航海指南。如此宝贵的经验，得来不易，数代人以生命为代价，才基本弄清了南海的地理环境。

《更路簿》中，还有宝贵的关于南海的气象资料记载。这里收录一则谚语《看天作恶风》：根据自然现象，来判断天气——

无雷海响而有恶风，太白清现亦有恶风，海棠多湾而有恶风，鸟离领飞高有恶风，无风浪涌而有恶风，日落天江急有恶风，内山现红近有恶风，云飞如箭而有恶风，日落……

《更路簿》是海南渔民在耕海生活中，以无数生命为代价所积累的宝贵经验，经几代人不断补充修正传抄写成。其中每一个地名，每一个数据，都让渔民们付出了巨大代价。海南渔民的《更路簿》，用铁的事实证明，南海诸岛自古以来就是中国的领土。

第三章　治海实录：官方

根据海南省地方志办公室编印的《西南中沙群岛志》（南海出版公司2008年出版）记载，中国政府从古至今，一直对南海进行行政管理。南海诸岛远离大陆，各岛礁面积皆小，且彼此相去甚远，更因淡水缺乏，我国历代政府对南海诸岛实施的行政管理，方式与方法，都采取了灵活有效的办法，这是因为南海所处的特殊的地理因素所致。

【秦：隶属岭南三郡】

先秦时代，海南岛与南海诸岛已内属中原王朝。《山海经》之《海内南经》卷中述及"离耳国"，"在郁水南。郁水出湘陵南海。"晋人郭璞注"即儋耳也，在朱崖海渚中"。朱崖海渚，即指南海及其岛洲。

据《史记·秦始皇本纪》记载，秦始皇统一六国后，结束了春秋战国的分裂局面并实行郡县制。在岭南建南海、桂林和象郡。海南岛及南海诸岛，一并纳入3郡范围，此为中央政府行政管辖的开始。

秦末，全国战乱，南海郡尉赵佗，乘乱兼并3郡，建南越（粤）国，海南岛与南海诸岛归南越国管辖。

【汉：水师巡海】

《诸蕃志》（宋·赵汝适）载："武帝平南粤，遣使自徐闻渡海，略地置朱崖、儋耳二郡。"这时，汉朝已建立水师，承担巡视海域的任务。

《后汉书》（谢承撰）载："交趾别驾陈茂随交趾刺史巡

部,涉涨海遇风"("涨海"即南海的古称)。

《广东通志》记载,东汉建武十九年(公元43年),光武帝派遣后伏波将军马援"平定交趾,往来南海,抚定珠崖"。

1973年,长沙马王堆汉墓出土。其中文物资料显示,南海海域第一次出现在汉代我国地形图上,汉代已把南海及其诸岛正式划入中国版图。

【三国至南朝:舟师巡海】

三国时,南海海域属吴国辖。吴王孙权派康泰、朱应出使扶南(今柬埔寨)等国,康、朱二使亲历南海诸岛部分岛屿,并仔细观察"珊瑚洲",所著《扶南传》,乃是世界上最早科学描述珊瑚岛成因的文献。

至南朝,南海则是对外贸易之要津。官方也采取措施,保卫海上安宁,"自亦恃海师"。海师,即海军,又称舟师。

【隋唐:振州】

隋大业三至六年,炀帝派常骏、王君政出使赤土国(今马来半岛泰国东南一带),航程经西沙和南沙群岛西侧,并在海南岛上置珠崖、儋耳、临振(即后代的振州,今三亚市)3郡,南海诸岛归临振郡辖。

唐太宗贞观元年,海南设崖州都督府总管崖州(原珠崖郡)、儋州(原儋耳郡)、振州(原临振郡),南海诸岛列入崖州都督府所辖疆域,隶属于振州,正式确立我国对南海诸岛的主权。

《旧唐书·地理志》记载,振州疆域"西南至大海千里",

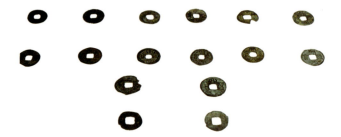

20世纪70年代以来,广东省和海南省文物部门先后在三沙发现多处沉船遗迹和水下遗物点,并打捞出上千件陶瓷器和大量古代铜钱等。

在南海发现的宋代执壶,宋人对茶具非常讲究,宋代点茶最典型的茶具莫过于执壶。该器物盘口、立沿、细长直颈,圆肩,鼓腹,圈足,长弯管流,凹面3槽宽带曲形柄,肩部附一对凹面、曲形耳,肩至腹刻画缠枝花纹。

西沙群岛自然包括在内。

【宋代:万州】

宋代承袭唐代行政建置。

《武经总要》记载,北宋初期"广南东路……置巡海水师营垒……(巡视)至屯门山二百里……从屯门山用东风,西南行七日至九乳螺洲(西沙永乐群岛)"。

北宋对南海及南海诸岛已行使管辖权。

南宋《琼管志》载:"万州有千里长沙、万里石塘。"

【元代:四海测验】

元朝为适应海运业发展和进一步开放海外贸易,组织了全国性的纬度测量,时称"四海测验"。

《元史》记载:至元十六年(1279),元世祖忽必烈派天文专家、同知太史院士郭守敬"南逾朱崖",到南海主持纬度测量工作,在南海诸岛一岛屿上"测得南海北极出地一十五度(即北纬15°),同时还实测了南海昼长的时刻。

【明代:方志与海图】

《正德琼台志》(1521年),由海南进士唐胄撰修。其中"疆域"条记载:琼州府有"千里长沙、万里石塘"。

沉船遗址中发现的完整瓷片图案。从图案中能够大致看出人物图像的衣服图案，以及整个人物的形体轮廓。

明代航海家郑和受朝廷派遣七下西洋，远达西亚和东非各国，沿途所绘《郑和航海图》，在南海海域标绘"石塘"（指西沙群岛）、"万生石塘屿"（应为"万里石塘屿"，指南沙群岛）、"石星石塘"（指中沙群岛，有时包括东沙）等地名。

【清代：全面行使领海主权】

（1）加强巡管

顺治年间，清政府在琼州设镇标右营，驻海口，督隶水军战船，于所部海面分汛防守。

乾隆《琼州府志》记载：康熙四十九至五十一年，广东水师副将吴升率领水师巡海，"自琼崖，历铜鼓，经七洲洋、四更沙，周遭三千里，躬自巡视，地方宁谧"。

道光十二年，"崖州协水师营分管洋面，东自万州东澳港起，西至昌化县四更沙止，共巡洋面一千里；南面直接暹罗、占城夷洋"。

宣统元年，广东水师提督李准率伏波、广金、琛航3舰巡视西沙群岛，同行人员达170余。这次不单是武装巡逻，而且登上岛屿进行科学考察，测绘地图，调查资源，并对所到岛礁中的15座命名立碑，在永兴岛上升旗鸣炮。

（2）明确领海主权。

清康熙的《大清中外天下全图》、乾隆的《皇清各直省分图》、《大清万年一统天下全图》等官方舆图，均把南海诸岛收入我国版图，属广东省琼州府海域。

雍正八年（1730），高凉总兵陈伦炯所著《海国闻见录》中绘有《四海总图》，在南海诸岛位置标明"长沙"（指中沙）、"七洲洋"（指西沙）、"石塘"（指南沙），标明"七洲洋在琼岛万州之东南，凡往南洋者必经之所"，并把南沙群岛的太平岛称为"南沙马崎"。道光十五年（1835）派员赴西沙群岛建塔立碑。

清代海南探花张岳崧主纂的《琼州府志》卷十八《海黎·海防·万州海防》载："万州有千里石塘、万里长沙，为琼洋（即南海）最险之处。"

（3）处理涉外事件。

1883年4月，荷兰驻华大使函请清政府处理荷兰商船于3月24日在南海诸岛搁浅被劫事件，清廷受理并加以解决。1908年，清朝政府应有关外国政府请求，在西沙群岛建立灯塔，便利船只航行。

（4）筹划开发经营。

1909年3月，广东总督张人骏曾设立西沙群岛筹办处，筹备经营西沙事宜，制订《入手办法大纲》10条，内容有测绘各岛、勘定各岛、基础设施、兵轮防卫等部分。

4月，筹办处人员由广州分乘伏波、广金、琛航3舰赴西沙群岛复勘。22日，回到广州，又拟订开办办法8条，内容包括厘定岛名、树立碑记，招工开矿，发展畜牧，植树造林，建立榆林、三亚2处基地，兵轮巡阅各岛，专轮转运物资、人员，安设无线电，化验磷矿等项。

1910年，清政府又曾拟订官办章程10条，令广东咨议局西沙群岛筹办处派人员设立局所，筹办东沙、西沙开发事宜。

直至清朝末期，我国政府对南海诸岛依然拥有绝对的主权。

【民国：开发与经营】

1928年，广东政治分会将西沙群岛拨归中山大学管理。1935年，广东省政府农林局设立东沙岛管理处。

1922年2月4日至3月2日，崖县政府派员协同商人勘察西沙群岛的北岛、中岛、南岛、树岛（赵述岛）、白岩、玲洲岛（东岛）、吕岛、笔岛（珊瑚岛）及都岛，并测绘地图。

1928年5月，广东省民政厅派委员方新主持南海诸岛调查活动，由中山大学教授沈鹏飞率领调查团乘"海瑞号"军民国时期,中国在南海的岛屿海域主权、经济权益和国际法地位,受到法、日帝国主义列强的挑战和侵犯,且愈演愈烈,部分岛屿一度曾被吞并。图为民国时期的南海地图。

舰在西沙群岛做16天的考察,写成《西沙群岛调查报告书》,并拟订移民兴业开发计划。

1933年8月,广东省政府派军舰2艘,开赴南沙群岛调查。

1935年4月,广东省农林建设局派东沙岛海产管理处主任梁权及技正、雇员等乘福游舰赴东沙岛考察,制订开发计划。

抗日战争结束后,我国收复南海诸岛,1947年行政院资源委员会曾拟定《委托中元企业公司开采西沙群岛鸟粪办法草案》11条。同年印尼华侨也曾拟集资开发西沙群岛。

1937年,广东当局派海周舰巡察西沙群岛。

第四章　南海丝路探秘

"丝绸之路"有陆路，也有海路。陆路的开始，一般都以建元二年（前139年）张骞奉汉武帝命令出使西域开始。汉代"丝绸之路"陆路从长安（今西安市）出发，西出玉门关、阳关，经过新疆的南路和北路，到达中亚、西亚各国，再由这些国家转道至欧洲大秦国（罗马帝国）等地。汉代以后，这条陆上"丝绸之路"不断得到发展。

海上"丝绸之路"以南海为中心，经过海路，通过南海诸岛，横穿马六甲海峡，到达东南亚、印度、波斯湾沿岸阿拉伯国家甚至北非等地。

【汉代：南海–印度洋航线】

古代百越人长期生活于南海之滨，精于造船，擅长航海。南海是世界上最早使用船舵、船锚的地区之一。

海上"丝绸之路"开始于广州。

汉代海外贸易由少府专营，少府属官之一黄门，设有驿长。船队从番禺基地出发，经徐闻港（今徐闻县）远航，到达马来半岛的都元国、新加坡之西的皮宗国、缅甸境内的邑卢没国（在今缅甸勃固附近）、谌离国（在今缅甸伊洛瓦底江沿岸）、夫甘都卢国（今缅甸伊洛瓦底江中游卑谬附近）、黄支国（今印度东南海岸之康契普腊姆）、已程不国（今斯里兰卡）。

《汉书》记载，西汉平帝元始二年，王莽辅政，曾有"黄支国"进献犀牛。

《汉书·地理志》所记载的南海与印度洋上的这条漫长

的海上航线,即历史上著名的汉代南海"丝绸之路"。

【唐代:通海夷道】

南海"丝绸之路"在唐宋时期最为繁盛,达到了新的高峰。

广州,当时是我国最大的港市,是世界著名的东方大港。隋唐统一后,我国成为强大的国家,唐朝在世界上处于最先进的国家行列,海上"丝绸之路"进入空前繁盛的新时期。

唐朝国势强盛,海外贸易盛况空前,造船业更加发达,所造船舶规模大,船体坚固,设备完善,适宜远洋航行,刘恂《岭表录异》记载,唐代广州还制造不用铁钉的"缝合船"。

当时的海上线路是:从广州起航,经西沙、南沙群岛至波斯湾、红海的海上"丝绸之路"极为红火,时称"广州通海夷道",为当时世界上最长的远洋航线。

【明代:郑和远航】

明代,南海"通海夷道"更显繁荣,由政府组织庞大船队连续多次往返于"海上丝绸之路"的,在我国历史上前所未有。郑和船队的远航,比哥伦布、达·伽马等的航行在时间上早半个世纪以上,在船队规模和船只之大方面,都超出好几倍,创造了震惊世界的航海壮举。

1405年7月11日(明永乐三年),明成祖命郑和率领庞大的240多艘海船、27400名船员组成的庞大船队远航,访问了30多个在西太平洋和印度洋的国家和地区。最远到达红海沿岸和非洲东海沿岸。

【清代:海上丝路的衰微】

清初,实行海禁和闭关政策,禁止外商到江苏、浙江、福建等地贸易,广州再成为唯一的对外贸易口岸。

直到康熙二十四年(1685年),清朝政府下令开放海禁,指定广州、漳州、宁波、三台山(今连云港)4个地方为通商口岸。为加强管理沿海的对外贸易,同年创立粤海关、闽

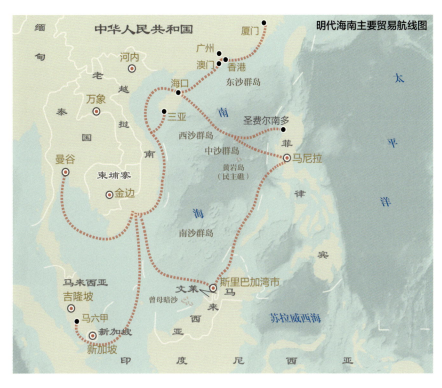

海关、浙海关和江海关。

乾隆四十年（1775年），清政府又借故撤销了漳州、宁波和云台山通商口岸，广州又一次成为唯一的对外贸易口岸，垄断了清代的海外通商和贸易。为便于严格控制对外贸易，清政府指定专门的商行从事与外商贸易，这些商行发展成著名的"十三行"，最少4家，最多时26家。

道光十八年（1838），清政府派钦差大臣林则徐到广州禁烟。

道光二十年（1840年），英国政府发动鸦片战争，中国历史从此进入半封建半殖民地时期，"海上丝绸之路"发生了根本变化，只见"洋船"驰骋，不见中国船影。

直到新中国成立后，中断的"南海海上丝路"再次起航，中国的远洋巨轮，从此劈波斩浪，驰骋于茫茫的大海之上。

明代海南主要贸易航线图。古代的经济贸易，并不像我们想象中那般萧条。

琼岛偏居海外，人口不多，但因为得天独厚的地缘优势，成为古代中国海外贸易的重要一站。自宋以后，随着海外贸易的发展和人员流动的频繁，海南岛逐渐告别荒凉。海上丝绸之路，这条古代中国最繁忙的海上通道，为海南岛带来瓷器、丝绸，带来商人、移民，也带来了先进的文化风气和生产方式。

【卷二】 景观南海

内陆人士多从电视上看到大海,而且大海也多是以"热带风暴"的形式示人。尤其是令人惊惧的海啸出现时,我们所看到的是大海暴虐的一面,那种无坚不摧的气势成为多数人对大海抹不去的深刻印记。

但是,大海魅力并不只是热带风暴与海啸,她也有波平浪静的时候,在那片纯净的碧波之下,她拥有如梦如幻的海底珊瑚,拥有许多我们闻所未闻的、千奇百怪的海洋动植物。比如,在西沙群岛上,那些海龟多得不计其数,它们一层叠一层,叠成了金字塔,然后轰然倒下,看得人目瞪口呆。甚至,在漆黑的夜晚,还能看到大面积荧光海的奇特景观。

可以说,南中国海是大自然的一处艺术宝库。在这一卷里,我们会看到大海最瑰丽最神奇的一面。在我们看不见的大海深处,她究竟秘藏了哪些鲜为人知的珍奇与宝藏。

第五章　海底蜃楼

珊瑚看起来像植物，实际上是海洋里的一种很低级的动物。一块珊瑚，往往是成千上万亿个珊瑚虫的群体。活的珊瑚，在海水中五光十色，这是一个梦幻世界，黄的、绿的、紫的、红的，色彩鲜艳夺目，被称为海底之花。

我们日常所见到的白色珊瑚，是珊瑚死后留下的残骸与骨骼。珊瑚种类多达 6000 种以上，其中有些能够分泌骨骼，如石珊瑚，有些只能生长骨针，如软珊瑚，还有一些只有软体的，

柳珊瑚形态如树，多数柳珊瑚色泽鲜红或者粉红。大名鼎鼎的红珊瑚本是柳珊瑚的一种，但实际上几乎所有红色的柳珊瑚都备受收藏者喜爱，就连海底的石斑鱼们也喜欢在树下"乘凉"。

如海葵。能够生长骨骼的珊瑚种类不过600多种，而且以石珊瑚为主，它的软体死亡后，骨骼堆积和胶结起来，形成坚硬的珊瑚礁和珊瑚岛，此亦称为造礁珊瑚。

珊瑚虫它没有眼睛、鼻子，只有灵敏的触手，是它的感觉器官。触手随水流慢慢漂动，自由地伸缩，捕捉流经附近的浮游生物和碎屑。当受到惊吓时，即刻将触手缩回藏起来。

珊瑚虫很小，只有2~5毫米长，身体内是一空腔，有口与外界联系，食物从口进入体腔内，消化吸收后，再由口排泄出残余物，所以，珊瑚虫的口行使着嘴巴与肛门的作用。当珊瑚虫饥饿时，它会把触手伸得很长，捕捉水中漂浮经过的食物。珊瑚虫口及触手分布许多刺细胞，会喷出毒质的刺丝，将猎物麻醉和毒死，然后送入口内。

珊瑚的繁殖是靠分裂，速度惊人，它能一分为二，二分为四，转眼之间，便儿孙满堂。但它们都在一块珊瑚体上，你压着我，我挤着你，分不清父辈或晚辈。也有的珊瑚虫进行有性生殖，通过精卵结合，生成浮浪幼虫，由口道排出，随水漂流，遇到合适的地方，便附着站稳脚跟，发育成珊瑚虫，逐渐成长为群体。群体珊瑚，繁殖很快，老的不断死去，留下骨骼，成为礁石；新的珊瑚虫，就在前辈的骨骼上继续攀登。这样前辈倒下去，做铺路石，后辈踏着前辈的尸骨，继续筑起新的高峰。一座座珊瑚礁石，就这样筑成。

南海诸岛的岛屿，除了极个别属火山岛之外，绝大部分是由海洋软体动物珊瑚的骨骼堆积而成的珊瑚岛，这些岛屿面积和高度都较小。如最大的永兴岛，面积只有1.85平方千米，高度最高的石岛，海拔高度才15米多。

珊瑚的残骸，堆积出三沙市的绝大部分领土。这种极度绚烂的物种其实很娇气，既是虫子又是植物的特殊身份，

珊瑚的品种极多,只有红珊瑚是宝石级珊瑚。红珊瑚象征沉着、聪敏、平安、富贵、吉祥。

使得它们必须生活在具有合适的温度、盐度、透明度的热带海水里。符合所有条件的南海,是培育它们的温床,珊瑚也以自己的躯壳,堆积出这种特殊而广袤的领土,回赠南海。

三沙的珊瑚地貌景观具有唯一性,这当然不是说中国只有三沙市有珊瑚礁地貌,而是说,她的地貌景观全由珊瑚礁构成。由此可以说,三沙市是珊瑚礁市。

全是珊瑚礁,并不意味着单调,因为珊瑚礁形成的景观足够丰富多彩。潜入晶莹剔透的海水中,将进入一个平生难得见到的神秘空间。一丛丛、一簇簇的珊瑚像盛开的鲜花覆盖着整个海底:有的金黄、有的雪白、有的鲜红,很是惹人喜爱。与五光十色的鱼儿共舞,此种惬意平生能有几回?那造型奇特、陡峭壮观的珊瑚礁林,诉说着千万年的风光。无数次风雨的洗礼,使它们看起来有的如惊鹿回眸,有的像仙人指路,有的似一唱雄鸡,惟妙惟肖,栩栩如生。

戴上潜水面罩,穿上脚蹼,在三沙地区的海底潜游,可以欣赏五彩缤纷的海底世界。那里分布着60多种珊瑚,有红色、紫色、橙色及金黄色的,有葵状、管状、鹿角状、树枝状,也有圆盘状的。活珊瑚伸出众多像绒毛状的触手,在波浪涌动下,前后左右缓缓地摆动,其景象确是迷人。整个

西沙是一个珊瑚的世界,在珊瑚岛下有这么一个海底世界,五彩斑斓的珊瑚,将西沙铺设成一个多姿多彩的海底花园。

水底好像一幅多彩的油画，又好像一幅色彩斑斓的现代派画像，画像的内容可随着你的想象，任意延伸。

海底图画不断地变幻着，犹如进入美丽的童话世界，而当你定睛观看珊瑚的细部时便会发现，海底珊瑚个体是那么精巧细致，形态、色彩又是那么多种多样，真是美不胜收。

造礁珊瑚是一种娇嫩的动物，对环境的适应性较差，因此，它不能生活在所有的海洋中，它的生长条件十分严格。主要条件包括温暖的海水、足够的光照、海水盐度、足够的氧气、海水的清澈与透明、还要有坚硬的附着物。三沙海域完全具备造礁珊瑚生长的自然条件。

目前，生长在南海的造礁石珊瑚，种类有 200 种以上，按其形态可分为两大类。

海底珊瑚的每一个个体都是如此的精巧细致，色彩多样，美不胜收。就像图中的软珊瑚，优美的形体，与周围环境相映衬的五彩缤纷的色彩，任谁见了这样的景致也会流连忘返吧！

第一类是块状珊瑚，如滨珊瑚、蜂巢珊瑚、角蜂巢珊瑚、菊花珊瑚、扁脑珊瑚、合叶珊瑚、石芝珊瑚等。它们多生长在珊瑚岛的边缘地带，因为它们抵抗风浪能力较强。

第二类是枝状珊瑚，如鹿角珊瑚、蔷薇珊瑚等。

这些造礁珊瑚不但种类繁多，而且颜色缤纷，绚丽动人，这与它体内共生的虫黄藻数量多少有关，如果虫黄藻离开了珊瑚，它就会变得暗淡无色，以至死亡。

不论哪一种造礁石珊瑚，它们死亡后，其骨骼堆积而成的礁体，规模一般较大且突起在海底之上，并具有抗浪能力的，被称之为珊瑚礁。

珊瑚礁之中，有些是原地生长和堆积的，也就是说，老的珊瑚死亡后，新生的珊瑚继续重叠在它之上生长，直至海面附近，厚度可达千米以上。这种珊瑚礁叫原生礁。

由于原生礁是连续生长和迅速胶结的，所以非常坚硬。

另外，还有一种珊瑚礁是原生礁经过海水的侵蚀破坏，变成砾块和沙粒，然后被搬运到别处堆积而成的，这称为次生礁。

组成次生礁的砾石、沙子，大多数都是未经胶结硬化的松散堆积物。在南海诸岛中，绝大部分的珊瑚岛都由次生礁组成。

珊瑚礁中，最让人感到神奇的是环礁。想想看，茫茫的大海上突然出现一个由礁石围起的环状区域。在环礁外围，因为海浪不断撞击到环状的礁石上，翻卷起层层浪花，形成了一条浪花带；在环礁内部，是一个湖，有一个专门的名词——泻湖。

泻湖以不同形态，展现了环礁发育的不同阶段。华光礁是堪称完美的环礁：珊瑚形成的环形礁堤，将泻湖围合在内，这就是我们古人说的"万里石塘"。两道口门，形成环礁的

树枝般的柳珊瑚也被潜水员叫做"海扇",在水下观望,它确实和折扇扇面有些神似。图片的上方是潜水摄影师在进行海底拍摄,而这次恰到好处的抓拍也为我们呈现了一幅和谐而美丽的水下世界。

两道豁口,以使海水与潟湖内的湖水交汇、流通。

  盘石屿呈现的则是环礁发育至晚期的形态:珊瑚不断生长,最终将口门封闭,而使潟湖与外海隔绝。久而久之,潟湖将会越来越浅,直至干掉,发育成灰沙岛。环礁的东南角现在已经发育了一个小沙洲,它的范围也会越来越大,最终发育成一个真正的岛屿。整个三沙市有 60% 的珊瑚礁都是环礁,它们是中国的珍稀景观。

[卷二] 景观南海

海葵看上去像花朵，其实是捕食性的动物。水下的海葵与小丑鱼有着密不可分的关系。水下带毒刺的海葵保护小丑鱼，而小丑鱼的食物碎屑，或者是食物碎屑引来的微生物，甚至是追赶的其他鱼类，都会成为海葵的美味大餐。从而海葵和小丑鱼之间就形成一种互利共生的关系。

　　泻湖最神奇的是颜色——令人心醉的碧绿色，好像一块通透的翡翠。几乎每一个环礁的泻湖都呈翡翠般的颜色，与浪花带外的深蓝色大海正好构成强烈对比。在翡翠般的泻湖和深蓝色的大海之间，镶嵌了一圈银色的花边，浪花带。从空中俯瞰三沙诸岛，我们可以看到一块块完美的、令人心醉的翡翠。所以，很多人都建议，能否将三沙市改名为"珊瑚市"或"翡翠市"，那可真是名副其实。

第六章　南海奇珍

（一）海火，夜光虫，赤潮

在海南潭门镇采访一些曾经远洋捕捞的老渔民，他们说起一件海上的灵异之事。在航行南沙的过程中，有时在漆黑之夜，或者月色朦胧之际，陡然看到前面的海面上，有火光明灭，继而有"大火"在海面上轰然而起，火苗四溅，此生彼灭，有时随浪涌，又如一片火雨跌落，直到半小时左右，火苗才自行熄灭。很是诡异。

每遇到此种奇异的现象，船不敢前行，所有人都静静地观看那神秘的火光。他们称之为海火。他们的父辈给他们说过海上的海火，他们也经常能看到，所以，虽然海火很神秘，但渔

蓝莹莹的海面出现了奇幻的色彩，这就是"蓝光海"的美景。夜光藻通常在受到海浪或赤潮的刺激后，便会开始发出淡蓝色的光芒。夜光藻集中爆发与赤潮关系紧密。正是赤潮带来的荧光素对夜光藻造成刺激，才使得后者发光，而夜光藻本身也是赤潮形成的主因之一。

民们看得多,也就渐渐习惯了。

早在唐代,就有关于"海火"的记载。据《岭南异物志》记录,在阴晦天气,海面便"波如燃,火满海。以物击之,迸做如凰火"。哥伦布的航海日志里也曾记载,在西印度科岛珊瑚礁附近出现过的"移动大火炬"。

1960年春,上海自然博物馆的一位动物学研究人员,曾到舟山群岛搜集鱼类标本,夜间目击"海火"闪闪,双手在水中浸了一下,结果连手也发出了星星点点的光,让他大吃一惊。

现代科学已经证明,所谓海火,多与海洋里的发光生物有关。海里的发光生物种类繁多,细菌、甲藻、夜光虫、放射虫、峨虫、海绵、水母、珊瑚虫、乌贼、甲壳类、多毛类和某些鱼类等,都能够发光。这些海洋中的生物光,火舌飞舞,姹紫嫣红,把美丽的海洋装扮得更加绚丽多彩。其中,最大规模的发光体,大概是大海里的夜光虫了。

深夜,在漆黑一片的大海上,你忽然看到海面出现了大面积的、极其醒目而幽冷的蓝光,请不要以为是灵异事件。那是海面上出现的一种大面积的原生微小动物,身体为圆球形,直径为1毫米左右,颜色发红。在海水波动的刺激下,夜间能发光。故名夜光虫。而白天,你所看到的,就是由这片红色小虫子形成的红色海面,亦称赤潮。

夜光虫所形成的幽冷的蓝光,与海火是两种色彩,发光的原理相近。在夜色宁静的大海边,有时就能看到海面上奇妙的幽冷蓝光。整个夜晚都可以看到大片的海域如同神秘的童话世界,一排排浪花,便是一排排蓝绿的火焰,由远及近推移着、变幻着。当你捧起一把沙子,沙子也会发出千万点耀眼的星光。再看海上的船,船到哪里,蓝光就闪到哪里。

在南海,夜光虫的繁殖在冬季最为旺盛,密集的海域,可达每平方米万只以上。

（二）偕老同穴

海绵动物是多细胞动物中最原始、最简单的一个类群，在古生代的寒武纪前已经出现，虽然经历了几亿年的进化，组织器官仍然没有分化，没有口和消化腔。它们绝大多数生活在海洋里，过着底栖生活，一般呈高脚杯状、瓶状或圆柱状，体壁表面有许多进水孔。

偕老同穴生活在100米以下的深海区，身体长通常为30～60厘米，有的可达1米多，由晶莹剔透的玻璃丝状骨针（主要成分是硅）纵横交织而成，顶端骨针呈网筛状覆盖，底端骨针为根须状，成束排列，借以附着在岩礁等坚硬的基质上。

偕老同穴的腔隙也同其他海绵动物一样，是小动物喜欢栖居的场所。其中最为有趣的是一种叫做俪虾的共栖现象。

海绵有个极其动人的外号——偕老同穴。这个名字的由来与俪虾有关。俪虾，小而纤弱，幼时，常一雌一雄成双成对，钻入海绵中生活。它们在那里生活、成长，取食随着海水流

海绵有个极其动人的外号：偕老同穴，它们生活在100米以下的深海区，身体通常为30~60厘米，有的可达1米多，由晶莹剔透的玻璃丝状骨针纵横交织而成。偕老同穴可以与一种叫作俪虾共栖。

入的有机物。它们以此为家。当俪虾的身体逐渐增大后，由于体长超过了筛板的孔径，就不可能再通过那些筛板孔，于是便成双结对地永久被禁锢在偕老同穴的腔中，与偕老同穴合为一体，直至死亡。因此，这种海绵也就获得了"偕老同穴"这个浪漫的名字。

俪虾的俪就是恩爱夫妻的意思，俪虾也因此而得名。基于这个动人的结局，日本人民便将日本海常见的偕老同穴视为吉祥之物，在婚礼喜庆时，常把偕老同穴的干制标本作为爱情的定情信物赠送给心上人，以示结百年之好，一生厮守，永不分离。在西方，也将其称为"维纳斯花篮"，视为爱的象征。因此，人们也称其为"海洋鸳鸯"。

在我国海南三亚、海口等地的珍珠贝壳专卖店里，也有各式各样的偕老同穴干制品及工艺品出售（常误称其为网螺），受到人们的喜爱。

（三）翻车鲀

在冬日的某黄昏，在三亚以南的某个南海渔场，风平浪静，点点渔火时隐时现，渔民们正在用大网捕鱼。

突然，发现前方不远处有一团发光的东西，正在海面漂浮流动。渔民们赶紧收网。发光体进网后，渔民们惊呆了，他们看见了一条有头无尾的怪鱼——你可以想象一下，一条大鱼，拦腰截断，上面那半部分，就是这种怪鱼的样子。

这怪鱼的身体特别短缩，体宽超过体长的一半以上，尾部好像被在很高的背鳍和臀鳍的后方截断了的一样，尾鳍呈锯齿形的波浪状，口和鳃很小，银灰色的表皮粗厚如革。

怪鱼运回后，技术人员查找有关资料，才知道这怪鱼叫翻车鲀。

翻车鲀是大洋飘游性鱼类,以浮游生物为主要饵料。它的身体像鲳鱼那样扁平,利用扁平体形悠闲地躺在海面上,借助吞入空气来减轻自己的比重。若遇到危险时,就潜入深处,用扁的身体劈开一条水路,逃之夭夭。

天气好的时候,有时能看到这些鱼像睡在海面上一样,一面向上平卧着,随波逐浪地飘荡,不熟悉的人会认为它们是死的。

成年后的翻车鲀,一般个体比较大,大的能达2米至3米长,200多千克重。然而,这种鱼的肉看上去虽雪白细腻,肝内含有有用的脂肪,但美中不足的是,煮熟的鱼肉味道欠佳,甚至令人生厌。

翻车鲀能发出一种奇怪的光,一到夜晚,它的身体各部位闪闪发光,使人把它误认为是火或某种发光物体。有人研

翻车鲀,因其闪光的体表好像是映在海面上的月亮,所以就有了月亮鱼的称号。成年后的翻车鲀能达到2至3米。

究分析后,认为这是由于它身体和鳍的轻微摆动,引起水中包围着它的一层夜光虫发的光。

在海上的夜晚,它闪光的体表好像是映在海面上的月亮一样,所以人们叫它"月鱼"。也因为它常把身体翻转侧躺在海面随风飘游,那样子,就像翻车之后,一只被抛得很远的躺在地上的轮子,人们才称它为翻车鲀。你想想,一盘发光的月光,浮在海面上,漂啊漂的,你会认为那是天上的月亮倒映在水面。反过来,漆黑的夜呢,天空一片黑色,而海面上却有一只月亮,那时你真的弄不清哪里是天上,哪里是人间,这种奇妙的景致,该带给人们多少瑰丽的遐想啊。

翻车鲀的体形十分有趣,是河鲀的同类,整个躯体看起来没有后半部,只有头部。尾鳍仿佛和背鳍、腹鳍相连,所以被称为舵鳍。游泳时,背鳍和腹鳍互相交叉摆动,借以保持身体的平衡。

在广西北海海底世界的"南中国海珍稀标本馆",有一条近2米长的"翻车鲀"标本。据悉,这是目前国内展出的最大一条"翻车鲀"标本。这是渔民在南海捕获的。

渔民们说,这种鱼在七八十年代以前,经常在南海海面出现,现在海洋中的翻车鲀已寥寥无几,十分罕见。

渔民刚捕捞上来的翻车鲀,这种鱼看上去雪白细腻,肝内含有有用的脂肪,但美中不足的是,它的肉不好吃,人们捕获它之后,只吃它的肠子,然后把剩余的鱼全部扔掉。

（四）砗磲

如果朋友们到海南，我建议一定要去潭门镇看一看。因为这里的渔民，都是远赴三沙和黄岩岛捕捞，可称得上是远洋捕捞队，这是不多见的。更主要的是，如果你去不了三沙，也去不了黄岩岛，但你来到了潭门镇，你就与三沙、黄岩岛近了，你会立即置身于三沙与黄岩岛的氛围之中。你可以很轻易看到从三沙或黄岩岛带回来的各类海产品，你可以亲手抚摸那些精美的海贝壳。那可是黄岩岛带回来的，感觉就是不一样，仿佛能听到三沙或黄岩岛的惊涛骇浪。那些贝壳中，最名贵的一种，叫砗磲（chē qú）。

砗磲是海洋中的一种大型贝类，有的大到可以作为小孩的浴盆。为什么叫它"砗磲"呢？

砗磲在我国史料上记载的名字叫"车渠"，由于其外壳坚硬如石，所以后人在"车渠"旁各加以"石"字。车渠本来的意思就是古代车子的两只轮子对路面辗轧日久，使路面形成一道道深深的凹槽，壳的表面粗糙，顶部较厚，向边缘部分逐渐变薄，如荷叶状，正是因为砗磲身上这一道道深深的褶皱，很像车辖辘在泥泞的道路上轧过的痕迹，古人就形象地称之为车渠了。

全世界共有 6 种砗磲，都生活在热带海的珊瑚礁环境中，我国的台湾、海南岛、西沙群岛及其他南海岛屿附近也有分布。

砗磲与蜗牛、扇贝一样，同属于一种软体动物。在已知的约 10 多万种软体动物中，砗磲是其中个体最大的双壳软体动物。在海洋当中最大的砗磲身长可达 2 米，重 500 千克。

砗磲生活在热带海域的珊瑚礁中，这里的阳光充足，各种藻类植物生长旺盛。在砗磲的壳顶部长有一个宽大的孔，休息的时候，便从这个孔中伸出一条有力的足丝，把自己固着在珊瑚礁上。

在海里生活的砗磲，当潮水涨满把它淹没时，便张开贝壳，伸出肥厚的外套膜边缘进行活动。它们的外套膜极为绚丽多彩，不仅有孔雀蓝、粉红、翠绿、棕红等鲜艳的颜色，而且还常有各色的花纹。砗磲的外套膜边缘几乎全部愈合，仅在前端留有一个入水孔，近中部留有一个向外突出的乳头状的出水孔。砗磲和其他双壳类一样，也是靠通过流经体内的海水把食料带进来的。但砗磲不光靠这种方式摄食，它们还有在自己的组织里种植食物的本领。它们同一种单细胞藻类——虫黄藻共生，并以这种藻类做补充食料。

和大多数的双壳类一样，砗磲是靠海水带来的浮游生物为食的。砗磲寿命较长，一般在80~100年左右。

大的贝壳，海边生活的渔民常拣拾它的壳当作小孩的洗澡盆来用。

用砗磲贝壳雕刻制成的器皿，坚细光润，炫耀夺目，在古代与金、银、珊瑚、玛瑙、玻璃、琉璃并称为"七宝"。宋代沈括在《梦溪笔谈》中曾这样描述："海物有车渠，蛤属也，大者如箕，背有渠垄，如蚶壳，故以为器，致如白玉，生南海。"明代李时珍《本草纲目》做了比较实际的记载："车渠.大蛤也。……壳内白皙如玉，亦不甚贵。番人以饰物，谬言为玉石……大者二三尺，阔尺许，厚二三寸，壳外沟垄如蛇壳而深大，背纵纹如瓦沟，无横纹也。"

在我国西沙群岛曾发现最大的砗磲贝壳长达1.25米，两个贝壳张开宽1米，贝肉重达75千克，总重量为220千克。

砗磲是海洋世界中的寿星，寿命可超百岁，据估测，一般壳长1米的个体就已经超过百年历史了，称之贝类之王，则当之无愧。砗磲可食，其肉质细嫩，味道鲜美，营养丰富。取其肉得有妙法：穿上潜水衣，带着錾子等工具潜入水中，趁砗磲张开贝壳时，撑住其口，使其无法闭合，再将錾子插入，割下贝肉。

由于《本草纲目》的记载，砗磲"气味甘、咸，大寒，无毒。主治安神镇宅，解诸毒药及虫螫。同玳瑁等分，磨人乳服之，极验"。具有清热解毒、消渴之功，用于糖尿病、痈肿疮毒、酒毒等。其壳入药，名车螯。具有消积滞、解酒毒、疗疮痈之功，用于症瘕痰结、痈疽发背、酒食中毒等。

这样一来，砗磲不仅可以做成精美的工艺品，还是一味名贵之中药。故海南渔民多在南沙、黄岩岛等地进行捕捞。但是，如此巨大的贝类，捕捞时也有危险。

砗磲不仅由于身躯庞大而显得与众不同；更独特的是其身体共生有数以十亿计的单细胞藻。在我国砗磲壳更具有宝石的特性，是驱邪避凶的"佛教七宝"之首，砗磲壳所制成的念珠和佛像是高僧大德的法物。

砗磲生活在海底的沙地上，贝壳的下半部埋在珊瑚砂中。砗磲张开双壳，伸出肥厚的蓝色、粉红色、紫色或翠绿色的外套膜进行取食活动。当它张开双壳摄取食物时，潜水者的脚如果不慎被砗磲夹住是十分危险的，任凭你用铁棍怎样撬，砗磲都不会松开。

砗磲的闭壳肌十分发达，经测定，大砗磲的闭壳肌可以发出 300 千克的力量，使铁棍折弯。砗磲与其他贝类相似，在偶尔受到异物的寄生或者刺激时也能生成珍珠。

但是，砗磲现在被列为国家二级保护动物。也就是说，不仅捕捞砗磲属于非法行为，贩卖砗磲工艺品也属非法。所以，现在在潭门镇，砗磲制品的价格日益上涨，平常偶有店铺悄悄出售。

（五）海胆

在海洋浅水区生长的海胆，是地球上最长寿的海洋生物之一。它全身长满刺，而且不会出现任何疾病症状。海胆专吃海洋植物，并利用自己身上的刺来防止海洋天敌的侵袭。

海胆以海草为食，以前曾被认为是造成海洋生态系统衰退的原因之一，因此，人们试图消灭它们以减少海洋祸害。直到20世纪70年代，人们才重新认识到海胆的价值。到20世纪90年代，海胆已成为美国加州最昂贵的海洋资源之一，大量出口到日本以及东南亚等国家。

研究结果表明，海胆生长得非常缓慢但寿命却很长。原先，人们以为其年龄约为7~15年，现在发现，海胆的年龄可达200年左右。人们在加拿大沿海的温哥华岛与大陆之间水域，发现过最大和最长寿的海胆。其直径达到19厘米，年龄已经超过了200岁。

海胆有一层精致的硬壳，壳上布满了许多刺样的东西，叫棘。这些棘是能动的，它的功能是保持壳的清洁、运动及挖掘沙泥等，但是海胆不能很快的移动自己。除了棘，海胆还有一些管足从壳上的孔内伸出来。这些管足的功能并不一样，如摄取食物、感觉外界情况等。

海胆的一个显著特点是，老而弥坚。一般来说，动物到了老年，就会出现生理上的退化。但海胆不是。它除了受到海洋凶猛动物的袭击、各种疾病或落入渔民的渔网而丧生，很少出现因年龄增长给身体带来的危害，老年海胆仍然会以正常的速度继续生长。

更令人不可思议的是，年龄越老的海胆，越能产生更高质量的精子和卵子，即使是在古稀之年，仍具有极强的繁殖能力。因此，在日本，人们将海胆的生殖器官视作珍馐佳肴，这使海胆的价格猛涨。

（六）鲍鱼

鲍鱼不是鱼，而是一种爬附在浅海岩石上的单壳类软体动物。鲍鱼的肉好吃，自古以来都是名贵的海产食品。

鲍鱼的身体外边，包着一个厚的石灰质的贝壳，这是一个右旋的螺形贝壳，呈耳状。鲍鱼的足部特别肥厚，分为上下两部分。上足生有许多触角和小丘，用来感觉外界的情况；下足伸展时呈椭圆形，腹面平，适于附着和爬行。

鲍鱼生活在水流湍急、海藻繁茂的岩礁地带，在沿海地区，岛屿或海岸向外突出的岩角，都是它们喜欢栖息的地方。鲍鱼多爬匍于岩礁的缝隙或石洞中，它们分布的海水深度，随种类而不同。我国北方的盘大鲍，一般分布在 10 多米的水深处，在冬季，为了避寒向深处移动，深度可达 30 米。到了春季，就慢慢上移，有的可在潮线下数米生活。

鲍鱼喜欢吃褐藻或红藻，像盘大鲍很喜欢吃裙带菜、幼嫩的海带和马尾藻等。鲍鱼的食量随季节而变化，一般水温较高的季节吃得多；冬季不太活动，吃得少。

鲍鱼的种类很多，分布也很广，我国沿海都有鲍鱼分布。在北方，以大连及长山岛出产较多，出产的都是盘大鲍，它们的个体较大，呈卵球形。在南海，出产杂色鲍和耳鲍等，杂色鲍和盘大鲍的形状相似，但个体较小；耳鲍体形较大，贝壳更像耳朵，它足部的肉最肥厚，平时，贝壳不能完全把它包在里面。

鲍鱼是一种原始的海洋贝类，单壳软体动物，只有半面外壳，壳坚厚，扁而宽。鲍鱼是中国传统的名贵食材，四大海味之首。

（七）远古的遗民——鲎

鲎（hòu），一种来自远古的动物。在 3 亿年前的泥盆纪末期，鲎就问世了，堪称海洋里的远古遗民。鲎是用鳃呼吸的节肢动物，目前世界上仅有 4 种：中国鲎、美洲鲎、马来鲎和圆尾鲎。

鲎的外形，像一把秦琴，全身分为头胸甲、腹甲、剑尾 3 部分。剑尾酷似一把三角刮刀，挥动自如，是鲎的防卫武器。鲎的嘴巴长在头胸甲的中间，嘴边有一对钳子似的小腿，帮助摄取食物，嘴的周围长有 10 条腿。雌鲎的 4 条前腿上，长着 4 把钳子，而雄鲎却是 4 把钩子。

原来，雄鲎总是把钩子搭在雌鲎的背上，让雌鲎背着它四处旅行。鲎栖息于沙质海底，昼伏夜出。

鲎的胸腹甲交接部，长着一片片像桨一样的腹肢，用来游泳，同时，也是它的呼吸系统。鲎一旦被逼离开海水，要经过好几天才死，比蟹类有更强的生命力。

丑陋而懒惰的鲎，其"爱情专一"却让人们津津乐道，成为美谈。雌雄鲎一旦结为夫妇，便形影不离。肥大的雌鲎，不管走到哪里，总是驮着比它瘦小得多的"丈夫"（雄鲎用脚钩——抱接器钩住雌鲎），踌躇爬行，四处流浪，恩爱有加。它们成对地在潮间带浅滩上筑巢做窝。此时捉到一只鲎，提起来便是一对，所以，有的渔民知道鲎的这种习性，只要抓到一只鲎，就知道，另一只就在附近。据说，当一只不幸死亡，另一只不再继续寻找伴侣，会在孤独和悲伤中度过余生。我国台湾有句俗语"捉孤鲎，衰到老"，意指其不可拆散的姻缘。因此，鲎有"海底鸳鸯"的美誉。

雌鲎从两个生殖孔中同时排出数以万计的绿豆大小的卵，这时，雄鲎也开始排精，使鲎卵在体外受精。受精卵在沙地借助太阳能，日渐发育成熟，四五十天后，小鲎便破卵而出，然后像螃蟹那样，随身体的发育一次次把旧皮脱去。这是一个艰难的生长过程，要经过好几个寒暑，一只拇指大小的幼鲎才能长为一只成年鲎。

鲎的长相既像虾又像蟹，行动起来宛如蜘蛛。其外形像只马蹄，因而又被称为马蹄蟹。是一类与三叶虫（现在只有化石）一样古老的动物。鲎的祖先出现在地质历史时期古生代的泥盆纪，当时恐龙尚未崛起，原始鱼类刚刚问世，随着时间的推移，与它同时代的动物或者进化、或者灭绝，只有鲎从3亿多年前问世至今，仍保留其原始而古老的相貌，所以鲎有"活化石"之称。

鲎有4只眼睛。而且有种特殊的高清功能——能使看到的物体图像更加清晰。现在的高清电视与雷达系统，就采用了这种高清功能，这种亿万年默默无闻的古老动物，一跃而成为近代仿生学中的一颗明星。

鲎是一种很专情的海洋动物，成双成对，形影不离。渔民们利鲎的这个习性，只捉到一只鲎，就知道另一只鲎就在附近，可轻易捕获。

更为奇特的是，鲎的血液是蓝色的。这是因为其中含有铜离子，蓝色血液的提取物——鲎试剂，可以准确、快速地检测人体内部组织是否因细菌感染而致病。

鲎肉质鲜嫩，有如蟹肉。鲎的卵黄，更是营养丰富，是我国东南沿海人民喜食的菜肴。早年间，在产卵季节，鲎聚集在沙滩上，数量众多，当地渔民常将其捕捉磨碎当作肥料，也有人取其壳做瓢，在台湾金门甚至在壳上画虎脸，用以避邪。

（八）海龟

海龟早在 2 亿多年前就出现在地球上了，是有名的活化石。据《世界吉尼斯纪录大全》记载，海龟的寿命最长可达 152 年，是动物中当之无愧的老寿星。正因为龟是海洋中的长寿动物，所以，沿海人仍将龟视为长寿的吉祥物，就像内地人把松鹤作为长寿的象征一样，沿海的人们也把龟视为长寿的象征，并有万年龟之说。

海洋中目前共有 8 种海龟，其中有 4 种产于我国。我国群体数量最多的是绿海龟。

海龟在大海中生活，一直到二三十岁才发育成熟。当繁殖季节到来之际，它们便成群结队，重返回自己的故乡，不管路途多么遥远，它们也能找到自己的出生地，并把卵产在那里。如果出生地的环境被破坏，它就有可能终生不育。

海龟是怎样找到自己的故乡的，目前还是一个未解之谜。

海龟产卵数最多的可达 200 个左右，最少的也在 90 个以上，卵的数量虽说比较多，但是孵化成活率很低。当小海龟出壳后，首先要自己从沙堆里钻出来，然后急急忙忙地奔向海洋。

从沙坑到大海，这一段路途对小海龟来说，充满了危险，有的幼龟跌入沙坑中，拼命挣扎也爬不出来，有时，各种海鸟不断在空中盘旋，这些幼小生命便是美味佳肴。最后能顺利到达海洋的只是一部分，这些幸存者将在海中生长发育，传承繁衍后代的新循环。

南海的绿海龟，其产卵期在每年的 4~10 月。这时节，每当晚上，海龟们一个接一个从海中悄悄爬上沙滩，先用后肢挖一个深坑，然后开始产卵。卵呈白色，大小和乒乓球差不多。由于卵成熟的时间不一致，它有时要分几次才将卵产完。产完卵后便用沙将洞口堵住，沙滩在阳光的照耀下，温度比较高，卵全靠自然温度孵化，大约要 50 天。

海龟卵不但靠自然温度孵化，而且其性别也是由温度的高低来决定的，温度高时孵出的是雌性，温度低时孵出的是雄性。

海龟是通过什么办法来维持性别平衡的，这是一个十分

绿海龟在南海海域有广泛的分布，这种海龟有着绿色的脂肪，据此被叫做绿海龟。每年的夏秋季节，生活在太平洋的绿海龟会聚集到我国西沙群岛来产卵，它们每次产卵 90~160 枚，然后等待热带的阳光将卵孵化成为幼龟。随着渔民一度滥挖龟卵和大肆捕杀，西沙群岛的海龟数量锐减，绿海龟更是濒临绝迹。西沙群岛的珊瑚岛、西沙洲、中建岛等岛礁每年都会有绿海龟上岸产卵繁殖。

[卷二] 景观南海

有趣的问题。海龟除出生和繁殖在陆地之外,主要生活在海中,它们既能用肺呼吸,也能利用身体的一些特殊器官直接从海水中获得氧气,它的足呈桨状,适宜划水,海龟在陆地上虽然比较笨拙,但是到了海里却浮沉自如,它完全适应了海洋环境。

海龟一身都是宝,它的肉味道鲜美、营养丰富,食之能使人延年益寿。尤其是龟蛋,纯绿色食品,营养极丰富,挖龟蛋一直是南海渔民的一项重要收入,故而,大量海龟引来人类的滥捕乱杀。

每到海龟的繁殖季节,渔民守在岸边,等海龟上岸后,突然跑上前去,把它们一个个地翻过来,海龟的脚很短,一旦翻过来自己就翻不过去了,其命运可想而知,被人很轻松地捉住。

人类的滥捕滥杀,百年龟龄的海龟已成稀罕之物。

海龟看似笨拙,实际上很通人性。1995年7月下旬,海军某部770艇在南海训练时,发现一只海龟老是在艇周围游来游去,战士们很好奇,捞上来一看,原来是它腿上受了伤,已溃烂。经过半个月的治疗才痊愈。

水兵们用红油漆在海龟的背上写了"放生"两个字后,将其放回大海。没有想到的是,3个多月后,这只海龟又回到水兵的身边,此地距离放生的地方有60多海里。海龟为何这般留恋着水兵,它又是怎样找到他们的,这些令人惊叹不已。

人救海龟,海龟也救人。1987年,菲律宾沿海有一艘轮船因失火而沉没,有一位身穿救生衣的妇女已在海上漂了12个小时,正在她感到绝望的时候,有两只海龟游到她身子下面,将其托出海面,她就这样又在海上漂流了两天两夜,直到被菲律宾海军发现救起为止。

（九）鲣鸟

在西沙群岛，有一种可爱的鸟儿生活栖息在这里。因其周身雪白，当地渔民称之为"鸟白"。西沙东岛上，10多万只红脚鲣鸟，密密麻麻地栖息在东岛的白避霜花树上，那是一种令人震撼的场面，就像大片的棉花田，盛开在蓝色的大海上。

东岛又名五和岛，是西沙群岛第二大岛，总面积1.55平方千米。岛上原生植被良好，生长着许多高大茂密的白避霜花树，在乔木甚少的热带岛屿中，东岛就成了红脚鲣鸟在南海上最理想的家园。

这是一种非常漂亮的鸟儿，全身洁白如玉，它们在海面上或盘旋、或高飞、或疾或徐捕猎掠出水面的飞鱼。那时，

鲣鸟常常在鼓翼飞行一段距离之后又继续滑翔，两种方式交错进行。主要以各种鱼类为食，也吃乌贼和甲壳动物等。觅食方式主要是通过潜水，常常一边游泳一边不时地潜入水中追捕鱼群；有时也通过在海面上空飞翔、发现猎物后则双翅往后一收，突然俯冲扎入水中，再潜水追捕猎物，有时在海上追踪猎物可达数百千米之远。

你分不清那是洁白的浪花，还是飞翔的鸟儿，雪白、轻盈、无声无息。红脚鲣鸟喜欢选择在高大的白避霜花树顶筑巢，傍晚，鸟儿归巢，静卧巢中，恍若洁白的大雪压满枝头；倘若不小心惊飞千树万树的红脚鲣鸟，刹那间，眼前"雪花"翻飞，轻盈灵动，在南海万顷碧波之中，壮美之极。

这就是著名的西沙红脚鲣鸟。它很美，背腹雪白的鸟羽没有一丁点儿杂色；它很优雅，轻盈地掠过南海上空，在蔚蓝的海面上投下一个个灵动的身影；它很坚强，无论热带风暴多么强烈，都在风浪中搏击。它们是栖息在西沙的红脚鲣鸟，国家二级保护动物。

红脚鲣鸟是一种大型的热带海鸟，除了狭长的嘴以外，外形与鸭子相似。但是，它的翼展很长，成年红脚鲣鸟双翼展开约有1.5米，体长约70厘米，但它的体重仅有1千克左右。红脚鲣鸟具有卓越的飞翔能力，而且它长有鸭子一样的脚蹼，特别适合在海面掠食、活动。即使掉落海水，也可以在水面滑行，重新起飞。

在南海作业的渔民，亲切地称红脚鲣鸟为"导航鸟"。这个昵称，与红脚鲣鸟精准的定位能力和坚强的搏击风雨的精神密不可分。红脚鲣鸟的方位感非常强，无论它飞出去多远，无论天气多么恶劣，它都能找到回家的路。

在渔民眼里，鲣鸟之所以从不迷失方向，是因为鸟巢中有嗷嗷待哺的稚子幼儿，它们必须赶回去喂食巢中的孩子，一旦迷航，幼鸟可能饥饿而死。所以，如果渔民在南海迷航，只要找到红脚鲣鸟，就能找到回家的路。

红脚鲣鸟还是一种非常恩爱、合作精神很强的鸟儿。红脚鲣鸟实行一夫一妻制，夫妻间齐心协力搭建鸟巢、共同哺育后代。筑巢时，雄鸟充当"搬运工"，衔回枯枝等用于筑巢的材料，雌鸟则充当"泥瓦工"，负责搭建鸟巢，红脚鲣鸟从配对开始到营巢成功一般需要持续1~3周的时间。

由于食物捕猎难度高的原因，西沙红脚鲣鸟实行严格的"计划生育"，每对亲鸟1年只繁殖1次，每次只产1枚卵。红脚鲣鸟轮流外出觅食，总有一只留守巢中照看幼鸟。这是因为台风、野猫等都有可能对幼鸟带来威胁。幼鸟至少要哺养8个月才能独立生活。成鸟喂食的方式非常独特，它们会张开嘴巴，由幼鸟将嘴伸进它的喉腔掏出食物。

目前，西沙东岛红脚鲣鸟繁殖种群是我国迄今所知的唯一繁殖种群。

在20世纪50年代以前，渔民环境保护意识还不够高，冬春季节，海上常有强风，无法下海捕鱼，渔民就会捕杀"鸟白"充饥，晚上潜到树下，随便猛扯树枝，就会有酣睡的"鸟白"从树上掉下来，渔民手起刀落，许多"鸟白"就稀里糊涂命丧刀下。

这是因为鲣鸟们太累了。白天，它们成群结队飞翔在海面上，四处觅食鱼虾，有时要飞到很远的地方。一直到傍晚，它们才从大海深处飞回岛上栖息。它们在树枝上跳来跳去，树林里一片忙碌，它们正在寻找鸟巢过夜。这时，任凭你怎么驱赶，也难把它们驱散。

雌鲣鸟每次产卵1只，随即孵卵守巢。雄鸟每天早晨飞到海上捕捉鱼虾，到傍晚归来，嘴对嘴地把所存的食物喂进它们"小宝贝"的嘴里，待幼鸟吃饱后，雄鸟再把所剩的食物与雌鸟共享。鲣鸟雏鸟为晚成性，虽然生长很快，到1.5~2个月时体重已经接近成鸟，但还不能飞行，一直要到大约4个月以后翅膀才能长成，离巢飞翔。刚会飞的鲣鸟羽毛为黑色，长到成年以后羽毛为白色，两只爪子也变成红色。

（十）南海四大名螺

【大法螺】

大法螺，也称海神法螺，海南民间俗称凤尾螺。大法螺呈塔锥状、口唇较大，壳体呈黄褐色并有许多半月形图案，十分美丽雄壮。大法螺可做号角，其声浑厚辽亮，十分动听。在影视作品中经常可以看到螺号响起，士兵们冲锋陷阵的镜头，这种用作螺号的大型贝壳，即为法螺，是海螺之一种。

在古代，不但部族和军队用此螺作为号角，寺院和庙宇的僧道也用此作为布道昭示的法器，故名"法螺"。嘉祥《法华须还疏》卷三："螺鼓远闻之义，显大法有广被之能。"密宗又以法螺为佛之法音的标识，吹之则诸天神欢喜，且闻之者灭诸罪障。在民间，大法螺被视为保平安、驱邪魔之物。大法螺分布于印度洋、太平洋，属三沙地区特有种，但由于捕捞过度，大法螺数量在三沙地区已越来越少。

国内原有最大的法螺，存放在西藏布达拉宫内，长度是57.7厘米，是作为国宝级文物保存起来的。后来，在浙江发现过总长度达到了77.14厘米的大法螺，被称为"天下第一法螺"。

大法螺的主要栖息地在珊瑚礁上。

大法螺栖息于珊瑚礁中，花纹如"凤尾"般绚烂。其雄壮而神气的外观是力量的象征，据说能驱魔辟邪、保佑平安，海民和山民常用来做号角驱魔，在藏传佛教中被视为重要法器，备受尊崇。

【唐冠螺】

冠螺是一种暖水性的名贵贝类，被列为国家二级保护动物。它的体形较大，最大的长约 30 厘米，我国台湾南部和南海诸岛附近的水域皆有分布，通常栖息在水深 1~30 米的碎珊瑚底质的浅海，一般在黄昏以后至夜间活动，主要以棘皮动物等为食，消化能力很强。白天则埋入砂砾中，仅露出背部。

冠螺属于软体动物中的腹足类。典型的腹足类头部比较发达，上面生有口、眼及一二对触角。足为块状，肌肉极为发达，适于在表面爬行。足

唐冠螺喜欢栖息于海底的砂石。大多数以海胆为食。因其内唇扩张如帽缘，体形如唐朝僧人的帽子而得名。

的背后还具有一个由足腺分泌而成的厣，当身体缩入壳内后，可用厣完全关闭壳口。外套膜像个口袋，能够包括整个身体。

冠螺贝壳的表面为灰白色，并有不规则的红褐色斑纹，在接近壳口的边缘处有很大的红褐色斑块。外唇翻向外上方，内唇则向内卷折。体螺层的开口，称为壳口。

冠螺因形状独特而美丽，是居家陈设和把玩的珍品，其市场价格也不菲。现存 80 多种。这种软体贝类动物通常螺塔低，贝壳膨胀，体层丰满，一般具有结节、肋或纵胀肋。雌雄形态有别，喜栖息于沙底。大多数以海胆为食。因其内唇扩张如帽缘，体形如唐朝僧人的帽子而得名。

冠螺是贝类家族的"四大天王"之一，它没有大法螺美丽的花纹，没有鹦鹉螺悠久的历史，但有强健的体魄，为"四大名螺"之首。唐冠螺可分女王唐冠螺、火焰唐冠螺、侏儒唐冠螺、薄唐冠螺等主要品种。由于唐冠螺体大、庄重、大气，常被收藏者陈列在厅室，展示一种海洋文化。

最大的女王唐冠螺，口径达 26 厘米，为目前世界上女王唐冠螺中最大者。外唇特有的黑色斑纹，显得分外典雅、神韵，故称"女王"，为唐冠螺中罕见的珍品。

【鹦鹉螺】

鹦鹉螺，壳薄而轻，呈螺旋形盘卷。

鹦鹉螺基本上属于底栖动物，平时多在 100 米的深水底层用腕部缓慢地匍匐而行。也可以利用腕部的分泌物附着在岩石或珊瑚礁上。它们能够靠充气的壳室在水中游泳，或以漏斗喷水的方式"急流勇退"。在暴风雨过后，海上风平浪静的夜晚，鹦鹉螺惬意地浮游在海面止，贝壳向上，壳口向下，头及腕完全舒展。这类动物有夜出性，主要食物为底栖的甲壳类，特别以小蟹为多。

鹦鹉螺的贝壳很美丽，构造也颇具特色。这种石灰质的外壳大而厚，左右对称，沿一个平面作背腹旋转，呈螺旋形。贝壳外表光滑，灰白色，后方间杂着许多橙红色的波纹状。这在各国发行的鹦鹉螺邮票上均可以很清楚地看到。壳有两层物质组成，外层是磁质层，内层是富有光泽的珍珠层。壳的内腔由隔层分为 30 多个壳室，动物藏身于最后一个隔壁的前边，即被称为"住室"的最大壳室中。壳内隔成许多气室，彼此由中空的管子串连。被截剖的鹦鹉螺，像是旋转的楼梯，又像一条百褶裙，一个个隔间由小到大顺势旋开，它决定了鹦鹉螺的沉浮，这正是开启潜艇构想的钥匙，世界上第一艘蓄电池潜艇和第一艘核潜艇因此被命名为"鹦鹉螺号"。

鹦鹉螺现存的种类不多，但都是暖水性动物。我国台湾、海南岛和南海诸岛均有分布。

鹦鹉螺：壳薄而轻，呈螺旋形盘卷，壳的表面呈白色或者乳白色，生长纹从壳的脐部辐射而出，平滑细密，多为红褐色。整个螺旋形外壳光滑如圆盘状，形似鹦鹉嘴，故名。鹦鹉螺已经在地球上经历了数亿年的演变，但外形、习性等变化很小，被称作海洋中的活化石。

万宝螺产地比较广,大多生成于太平洋及印度洋的热带区域内的珊瑚礁周围,靠捕食细微海藻等海洋植物及海洋浮游生物为生。中国的万宝螺绝多部份产于海南岛东北海域。万宝螺壳厚而沉,整体色彩主要由红褐色和少量白色交叉融合。

【万宝螺】

万宝螺的表面有许多排列整齐的小螺钉,贝壳厚而重,螺塔低、壳口大。整体呈艳红色或褐红色。万宝螺分布于热带印度洋和太平洋。栖息地为珊瑚礁附近,一般尺寸为15厘米。该螺不仅可作为观赏收藏,还可以置于手掌中进行按摩保健。因万宝螺通体红润,手感光滑,显得十分尊贵,再加上数量稀少,难于捕捉和采集,因而具有非常高的收藏价值。又因其名寓意,故传说在家中收藏万宝螺可招财进宝,摆放的位置也颇有讲究,通常壳口摆向门口,具有迎贵人、财宝来的意味。

在海岛上大量的贝壳被渔民堆砌在房前屋后,用船运回大陆后,经过深加工后成为精美的工艺品。

（十一）海参

海参又名海鼠、海瓜，是一种名贵海产动物，因补益作用类似人参而得名。海参生活在海边至 8000 米的海洋中，有 6 亿多年的历史，以海底藻类和浮游生物为食。海参全身长满肉刺，广布于世界各海洋中。海参肉质软嫩，营养丰富，同人参、燕窝、鱼翅齐名，是世界八大珍品之一。据《本草纲目拾遗》中记载：海参，味甘咸，补肾，益精髓，足敌人参，故名海参。

海参体呈圆筒状，长 10~20 厘米，特大的可达 30 厘米，色暗，多肉刺。触手轮形，17~30 个，一般为 20 个。

海参繁衍在地球上比原始鱼类更早，大约在 6 亿多年前的前寒武纪就开始存在，是最早的生物物种之一，有海洋活化石之称。海参经历几次地球大毁灭都得以生存下来，数度见证地球的变迁。

海参能随着居处环境而变化体色。生活在岩礁附近的海参，为棕色或淡蓝色；而居住在在海藻、海草中的海参则为绿色。海参的这种体色变化，可以有效地躲过天敌的伤害。

当水温达到 20℃时，刺参就会转移到深海的岩礁暗处，潜藏于石底，背面朝下不吃不动，整个身子萎缩变硬，如石头般。一般动物不会吃掉它。海参一睡就是一个夏季，等到秋后才苏醒过来恢复活动。

海参能预测天气，当风暴来临前，它会提前躲到石缝里。渔民利用这种现象来预测海上风暴的情况。

当遇到天敌偷袭时，海参会迅速地把自己体内的五脏六腑喷射出来，让对方吃掉，而自身借助排脏的反冲力，逃得无影无踪，即排脏功能。没有内脏的海参不会死，大约 50 天，会长出一副新内脏。

将海参切为数段投放海里,经过3~8个月,每段又会生成一个完整的海参。有的海参还有自切本领,当条件适宜时,能将自身切为数段,以后每段又会长成一个海参。

当海参离开水后在短时间内会自己融化,化作水状,海参在生长8年后,也会自溶在大海里。干海参接触到油性物质也会自溶。

海参体内有一种光鱼与之和谐共生。这种光鱼又称潜鱼,体型小而光滑,时常钻进海参的体腔内寻找食物或躲避敌害。而由于海参没有眼睛,光鱼可以充当海参的眼睛。海参和光鱼彼此和睦共处,从不分离。

在中国南海温暖的水域里,海参长得如此硕大。它不同于北方冷水水域中长得娇小的海参,西沙群岛的海参可长达1米多。这种海参和冷水域的海参比起来算不上美味,但是它为海底增添了一道景观。

（十二）一把"锯子"笑傲江湖——锯鳐

在我国南海和东海南部，有一种非常奇特的海洋动物，叫锯鳐。其头、体长而平扁，吻延长，两侧缘具强齿。最大的体长可达5米。虽然一般不被当作危险鱼类，但占体全长1/3的吻锯却也令人生畏。吻锯用于摄食活动。

锯鳐也是很凶猛的鱼类，而且行动敏捷，游动迅速，特别是凭借它那又长又硬又锋利的吻锯，时常在鱼群中横冲直撞，并且少有对手，甚至连比锯鳐本身还大的鱼，反应稍一迟钝，也难逃锯鳐的重创，遍体鳞伤不说，或有可能葬身其腹。

有时，它也潜伏泥沙上，用吻锯掘土觅食，偶尔也上升至水面，露出背鳍。主要摄取泥沙中的甲壳类或其他无脊椎动物。

我国产锯鳐两种，一是尖齿锯鳐，另一是小齿锯鳐。皆靠其吻锯击毙或刺伤追食对象。

图片中就是像鸟儿张开翅膀"飞翔"在深蓝色的海底的鳐鱼，扁平的身体更显轻盈。幼年的鳐鱼以生活在海底的动物如蟹、龙虾为食。当他们长大以后，主要猎捕乌贼等软体动物。鳐鱼主要是靠嗅觉捕食。

电鳐如团扇般的身体在水中活动缓慢，皮肤光滑而柔软。电鳐以发电伤人而闻名，为此古希腊人及罗马人用黑电鳐的电击来治疗痛风、头痛等疾病。

（十三）电鳐

南海深处最奇妙的一种动物，莫过于电鳐了。电鳐一般个体较小，30~40 厘米左右，背腹扁平，头和胸部在一起。尾部呈粗棒状，像团扇。电鳐栖居在海底，一对小眼长在背侧面前方的中间。少数品种可长达 2 米，重 100 千克，卵胎生，广泛分布于热带、温带海域，底栖鱼类，行动迟缓，习性懒惰，平时将身体埋于海底泥沙中。体盘厚而柔软，多呈椭圆形或团扇形；口小，齿细小而尖。

电鳐最奇妙的功能，是能够发电。发电器是其主要的枢纽，是器官的神经部分，电鳐能随意放电，放电时间和强度，它完全能够自己掌握。电鳐可以发电，并靠发出的电流击毙水中的小鱼、虾及其他的小动物，这是一种捕食和打击敌害的手段。大型电鳐发出的电流足以击倒成人。

电鳐的电源来自于肌肉纤维演变而成的电板。电板相当于电池的正副极，无数个细密的电板规则地排列重叠，形成肌肉状的电柱，在脑神经的支配下便能发出电来。单个电板产生的电压电流微乎其微，但电鳐体内有 2000 多条电柱，每条电柱有 1000 多块电板，发电器官占体重的 1/6，电板串联，电柱并联，电压便会达到 80~200 伏特。

电鳐放完体内蓄存的电能后，要经过一段时间的积聚，才能继续放电。渔民捕猎电鳐时，先诱其放电，等电放完了，它就没有攻击能力了。

在古罗马时代，人们就利用电鳐治疗风湿性疾病。至今，在东南沿海，盛夏时节许多患有关节炎的人，都要赤脚在沙底浅海走来走去，希冀踩在潜伏泥沙中的电鳐身上而寻求电疗。世界上的第一块电池，是意大利的物理学家伏特模仿电鳐发电器官和原理于 19 世纪发明的。

电鳐肉质粗且老，几乎没有食用价值。

（十四）鮣鱼

鮣鱼也叫鮣头鱼、吸盘鱼，还有"天生旅行家"的别称，也有称之为"最懒的鱼"。

鮣鱼身体细长，一般体长为 22~45 厘米，最大体长可达 100 厘米。身体背面为黑色，腹面为灰白色。前端平扁，向后渐尖，渐成圆柱状。头稍小，头及体前端的背侧平扁，有一长椭圆形吸盘，头的腹侧稍圆凸。吻很平扁，宽，前端略尖。眼小，侧位，距鳃孔较距吻端近。眼间隔很宽平，全由吸盘占据。

鮣鱼广布于世界热带亚热带和温带海域，中国沿海均产。生活在海洋里的鮣鱼游泳能力较差，主要靠头部的吸盘吸附于游泳能力强的大鲨鱼、海龟，或鲸等大型海兽的腹面，有时吸附于船底，甚至游泳者或潜水员的身上，希望借此免费旅行，如果到了食物丰富的地方，它就会立即

离开吸附物,进行觅食,吃完了,再找可以吸附的动物转移其他地方。

鲫鱼的主要食物为浮游生物,有时也捕食一些小鱼和无脊椎动物。有时鲫鱼也钻进旗鱼、剑鱼、翻车鱼等大型硬骨鱼的口腔或鳃孔内,一者,可以避开其他鱼类的攻击,再者,可以在它们的口腔内找到一些零碎的残渣充饥。

(十五)玳瑁

玳瑁,是海龟的一种。一般长约 0.6 米,大者可达 1.6 米。头顶有两对前额鳞,上颌钩曲。背面的角质板覆瓦状排列,表面光滑,具褐色和淡黄色相间的花纹。背甲共有 13 块,做覆瓦状排列,所以得名"十三鳞"。四肢呈鳍足状。尾短小,通常不露出甲外。性强暴,以鱼、软体动物、海藻为食。

鲫鱼,外号"天生旅行家",是世界上最懒的鱼。鲫鱼游泳能力较差,主要靠头部的吸盘吸附于游泳能力强的大型鲨鱼或海兽腹面,有时吸附于船底,被带到世界各海洋。图为鲫鱼吸附在玳瑁身上,一起展开他们的奇幻漂流。玳瑁是海洋中较大而凶猛的肉食性动物,经常出没于珊瑚礁中,主要捕食鱼类、虾、蟹和软体动物,也吃海藻。它的活动能力较强,游泳速度较快。玳瑁喜欢在珊瑚礁、大陆架或是长满褐藻的浅滩中觅食。虽然玳瑁是杂食性动物,但最主要的食物是海绵。

产于黄海、南海、东海及热带、亚热带沿海。其卵可食。角质板有黑斑和光泽，可制眼镜框或装饰品；甲片可入药。为国家二级保护动物。

玳瑁，在古代也称作"瑇瑁"。司马相如《子虚赋》云："其中则有神龟蛟鼍，瑇瑁鳖鼋。"李白《去妇词》云："常嫌玳瑁孤，犹羡鸳鸯偶。"

范成大在关于岭南的著作《桂海虞衡志》中记载："玳瑁生海洋深处，状如龟鼋，而壳稍长。背有甲十二片，黑白斑文，相错而成。"

在中国古代，玳瑁一直是名贵的饰品。

玳瑁做饰品的原料取自其背部的鳞甲，是有机物。成年玳瑁的甲壳是鲜艳的黄褐色。此类饰品易蛀，清代晚期以前制作的玳瑁器至今已很难见到。玳瑁也是一种有机宝石，特指玳瑁的背甲，为非晶质体，呈微透明至半透明，具蜡质至油脂光泽。玳瑁可用于制作戒指、手镯、簪（钗）、梳（栉）、扇子、盒、眼镜框、乐器小零件、精密仪器的梳齿以及刮痧板等器物，而且古筝义甲和古代朝鲜琵琶的拨子也是由玳瑁制作，同时也是螺钿片的材料之一，具有独特的神韵和光彩。

（十六）飞鱼

在我国南海和东海上航行的人们，经常能看到这样的情景：深蓝色的海面上，突然跃出了成群的"小飞机"，它们犹如群鸟一般掠过海空，高一阵，低一阵，翱翔竞飞，景象十分壮观。有时候，它们在飞行时竟会落到汽艇或轮船的甲板上面，使船员"坐收渔利"。这种像鸟儿一样会飞的鱼，就是海洋上闻名遐迩的飞鱼。这是一种中小型鱼类，因为它会飞，所以人们都叫它飞鱼。

但所谓的飞鱼也并不是指真的会飞,只是在空中滑行而已。

飞鱼长相奇特,胸鳍特别发达,像鸟类的翅膀一样。长长的胸鳍一直延伸到尾部,整个身体像织布的"长梭"。它凭借自己流线型的优美体型,在海中以每秒10米的速度高速运动。它能够跃出水面十几米,空中停留的最长时间是40多秒,飞行的最远距离有400多米。飞鱼的背部颜色和海水接近,它经常在海水表面活动。蓝色的海面上,飞鱼时隐时现,破浪前进的情景十分壮观,是南海一道动人的风景线。

飞鱼多年来引起了人们的兴趣,随着科学的发展,高速摄影揭开了飞鱼"飞行"的秘密。其实,飞鱼并不会飞翔,每当它准备离开水面时,必须在水中高速游泳,胸鳍紧贴身体两侧,像一只潜水艇稳稳上升。飞鱼用它的尾部用力拍水,整个身体好似离弦的箭一样向空中射出,飞腾

飞鱼的平静被航船惊扰,逃离中又遇到天敌,不明真相的人忽略了飞鱼,总认为鲣鸟是在为船只护航,其实是船只带给它捕食的绝佳好机会。

跃出水面后，打开又长又亮的胸鳍与腹鳍快速向前滑翔。它的"翅膀"并不扇动，靠的是尾部的推动力在空中做短暂的"飞行"。

飞鱼为什么要飞行？海洋生物学家认为，飞鱼的飞翔，大多是为了逃避金枪鱼、剑鱼等大型鱼类的追逐，或是由于船只靠近受惊而飞。总之，是认为处境危险而采取的行动。飞鱼就是这样一会儿跃出水面，一会儿钻入海中，用这种办法来逃避海里或空中的敌害。

飞鱼具有一种特别的趋光性，夜晚若在船甲板上挂一盏灯，成群的飞鱼就会寻光而来，自投罗网撞到甲板上。飞鱼的肉特别鲜美，肉质鲜嫩，是上等菜肴。

飞鱼的身体犹如一个织布的"长梭"，长长的胸鳍一直延伸到尾部。流线型的优美体形，让它犹如鸟类游刃于海水表面，嬉戏追逐，是南海一道亮丽的风景线。

海马因其头部酷似马头而得名,但有趣的是它却是一种奇特而珍贵的近陆浅海小型鱼类。雄性海马腹面有一个育儿囊,卵产于内进行孵化,一年可繁殖2~3代,海马是一种经济价值较高的名贵中药。

(十七)海马

很多人有个疑问:海马,是不是鱼类?

答案是肯定的。海马,又称龙落子,古称为水马。海马因其头部酷似马头而得名,但有趣的是,它是一种奇特而珍贵的近陆浅海小型鱼类,种类较多,分布较广,分布在我国海区的有冠海马、棘海马、大海马、斑海马、克氏海马及日本海马6种。

海马全世界都有分布，但以热带种类数量较多。海马头侧有2个鼻孔，头与躯干成直角形，胸腹部凸出，一般体长10厘米左右。尾部细长，具四棱，常呈卷曲状，全身完全由膜骨片包裹，有一无刺的背鳍，无腹鳍和尾鳍。

海马游泳能力很差，一般生活于沿岸带，在海藻或其他水生植物间，以尾部攀缠其上。游泳保持直立状态，靠各鳍推进和改变鳔中的含气量而上升或下沉。以口快速吸入小生物为食。

《本草拾遗》中就开始有海马的记载："海马出南海。形如马，长五六寸，虾类也。"《南州异物志》云："大小如守宫（即壁虎），其色黄褐。妇人难产割裂而出者，手持此虫，即如羊之易产也。"

海马的嘴是尖尖的管形，口不能张合，因此只能吸食水中的小动物为食物。它的一双眼睛，也有特别之处，可以分别地各自向上下、左右或前后转动。然而，它的身体却不用转动，即可用伶俐的眼睛向各方观看。有时候，一只眼向前看，另一只眼向后看，除了蜻蜓和变色龙之外，这是其他动物所不能做到的。

海马是最不像鱼的鱼类，集合了马、虾、象3种动物的特征于一身。它有马形的头，蜻蜓的眼睛，跟虾一样的身子，还有一个像象鼻一般的尾巴。海马的头与身体成直角弯曲，身披甲胄，并以垂直游泳的方式，和世界上唯一雄性产子的案例使之成为海洋怪异的动物之一。

自古以来，海马是一味名贵的中药，具有温补肾阳作用，用于治疗肾阳不足的阳痿、遗尿、哮喘等。现代药理实验证明，海马提取液有雄性激素样作用。由于海马供不应求，野生海马日渐稀少。南方沿海地区开始人工养殖，经济效益十分可观。

（十八）儒艮

儒艮（rú gěn），俗称海马、人鱼、美人鱼等。当然，当你真正见到儒艮时，你做梦也不会把它和美人鱼联系在一起。

这是海洋中唯一的草食性哺乳动物，与海牛的最大区别在于：海牛的尾部呈圆形，而儒艮尾部形状与海豚尾部相似。儒艮的头很大，头与身体的比例是海洋动物中最大的。嘴巨大而呈纵向，舌大，略似猪嘴，这可使其更利于进食海底植物时将沙子排除开。

儒艮的气孔在头部顶端，平均15分钟换一次气。头部和背部皮肤坚硬、厚实。皮肤光滑，外观呈褐至暗灰色，腹部颜色较背部来得浅，体表毛发稀疏。颈部短，但仍能有限度的转动头部或点头。其前肢短、呈鳍状，末端略圆而缺乏趾甲；胸鳍是幼儒艮主要的推进力来源，成年后则

这就是自古以来被误认为"美人鱼"的儒艮。这个名字是由马来语直译过来的，也有人称它为"南海牛"。除我国外，在印度洋、太平洋周围的其他一些国家也有它生活的足迹。

［卷二］景观南海

转变为以尾鳍为主。有乳房 1 对，乳头位于前肢基部处。

儒艮没有外耳壳，只看得到小小的耳孔，眼睛也很小。鼻孔位于吻部顶端，周围有皮膜可在潜水时盖住鼻孔。宽而扁平的嘴位于厚重吻部的末端下方，嘴边的短须是进食时的重要工具。

儒艮多在距海岸 20 米左右的海草丛中出没，有时随潮水进入河口，取食后又随退潮回到海中，很少游向外海。以 2~3 头的家族群活动，在隐蔽条件良好的海草区底部生活，定期浮出水面呼吸。

在哺乳期，儒艮会带着幼儒艮在浅海游弋，这时的成年儒艮乳头肿大，古代水手在光线不好的时候看到它哺乳，误认为是女人，便有了"美人鱼"的称呼。以前儒艮在南海地区均有记录。由于环境恶化，其数量越来越少，珍稀程度，仅次于大熊猫、白鳍豚等。

2008 年 6 月 22 日，海南文昌东郊椰林海边，有一只硕大的儒艮出现，重达千斤。后未成活，由海南师范大学生物系制成标本。

（十九）鲉

鲉，亦称鲉鱼，一般生活于岩礁间，因而有时也称岩鱼。

鲉，形似鲈，头大而多刺，鳍棘粗强，有些鱼的鳍棘带毒，但不论有毒与否，均能致深疼的创伤，许多鲉类颜色晦暗，另一些则较鲜艳，常呈各种深浅不同的红色。最大种类体长约 1 米。

鲉为肉食性，一般为定居型，常静伏海底，许多鲉靠身体颜色、头上、体上各式各样的瓣片和突出物与周围环境密切混为一体。

　　鲉为浅海底层中小型鱼类，栖息于沙底、岩礁、珊瑚和海藻丛中，体态与环境相似，具保护色。具有伏击活的食饵的习性。食鱼类、甲壳类和软体动物等。春季产卵，卵为浮性。有周期性脱皮现象，摄食愈剧烈，脱皮次数愈多。鳍棘基部有毒腺，人被刺后，极为疼痛。在台湾又名为石狗公。

　　中国南海现有的品种有：裸胸鲉，胸部无鳞，上腋部有一扁平皮瓣；斑鳍鲉，胸部有鳞，上腋部无皮瓣；冠棘鲉，有额棘，背鳍鳍棘部有一大黑斑，肉味极鲜美。

鲉，形似鲈，头大而多刺，俗称狮子鱼，鳍棘粗强，有些鱼的鳍棘带毒，但不论有毒与否，均能致深疼的创伤，许多鲉类颜色晦暗，另一些则较鲜艳，常呈各种深浅不同的红色。

（二十）文昌鱼

　　令人惊奇的是，文昌鱼不是鱼。

　　文昌鱼是与恐龙生活在同时代的海洋生物，被认为是生物的活化石。全身无色半透明，肌节明显，两头尖中间宽，左右两侧扁。国外又称"双尖鱼"。有的文昌鱼体形小,只有三四厘米至五六厘米长,每千克有近万尾之多。

它们的头都无明显分化,与体躯不能截然分开,故又名无头类,通称文昌鱼、矛形鱼。头索动物终生具有3个主要特征:即有纵贯背部,起支撑作用的脊索,有背神经管及咽部两侧有许多鳃裂。

文昌鱼没有头和躯干之分,没有像鱼那样的偶鳍,没有脊椎,也没有鳞,所以文昌鱼似鱼而不是鱼。

1774年,德国动物学家蒙帕拉斯曾把文昌鱼命名为软体动物中蛞蝓的一种,后来,各国动物学家相继研究了文昌鱼的结构和胚胎发育,才确定它应该属于脊索动物门、头索动物亚门的一种。

文昌鱼多分布在南海的浅海里,平常喜欢把身体钻在粗松的海沙里,仅露出头部。以浮游生物为食。由于文昌鱼味道鲜美,捕食过度,现在世界上的分布数量越来越少,非常珍贵。

文昌鱼,外形像小鱼,体侧扁,长约5厘米,半透明,头尾尖,体内有一条脊索,有背鳍、臀鳍和尾鳍。生活在沿海泥沙中,吃浮游生物。文昌鱼说它是"鱼",实际上并不是鱼。

第七章　三沙植物

在我国蔚蓝浩瀚的南海上，散落着许多明珠般的群岛。在古代，我国渔民称之为九乳螺洲、千里长沙、万里石塘等。这些群岛多由珊瑚形的岛、洲、礁、滩组成。海拔大多不超过10米。这里地处热带中部，夏季湿润多雨，冬季干旱，还时常受到台风的影响，四季如夏，鸟语花香。由于这些独特的自然条件，形成了南海群岛上美丽的热带岛屿植物景观。各岛屿基本保持着原始生态环境，空气洁净，是工业时代难觅的一片净土。周围海域生物种类繁多，海底世界五光十色。

目前，在南海群岛上已知的植物种类，多达200多种。这些群岛与大陆被海洋阻隔，岛上植物从何而来？研究发现，岛上多数植物是当地渔民从海南引入。椰子树在岛上成了森林，其他的森林植物还有香蕉、棕榈、剑麻、蓖麻、菠萝、番木瓜等。农作物及蔬菜类如萝卜、白菜、豆角、南瓜、辣椒、冬瓜、大葱、玉米、高粱等在岛上也有引种。此外，岛上还有马齿苋、苋菜、龙葵等植物。

以西沙群岛中最大的永兴岛为例，岛上森林茂密，林中主要有白避霜花、露兜树及10多种林下植物。现简介如下。

（一）厚藤

在三沙市的许多沙滩上，可以看到一种植物，它们铺天盖地爬满沙滩，叫做厚藤。也许你想象不出那是一种怎样的情景，但你一定在城市里看到过爬满藤蔓的山墙。厚藤是爬满于沙地

厚藤，长于沙滩或沙丘之上，为无毛匍匐藤本植物。紫红色、漏斗状花的小喇叭花不分季节绽放，艳丽醒目，尤以夏、秋季最盛，缤纷的花海就如地毯一样，红花绿叶相辉映。因而博得"海滨花后"之美名。

上，它们冒着沙滩达50°C的灼热高温，抵御海浪的冲蚀，为固沙护岸而顽强地生长着。

　　三沙属于热带，温度很高。厚藤叶子的表面上有一层很厚的革质，可以避免水分的散失，形状就像马鞍一样，有时也叫马鞍藤，是一种热带植物，几乎在全世界热带地区的海边都有它的踪影。它们生于靠海的山坡、海边或沟边。

　　厚藤开紫红色、漏斗状花的小喇叭花，艳丽醒目。三沙几乎没有四季，只有夏季，所以，厚藤一年当中时时开花，不分季节绽放出美丽的花朵，尤以夏、秋季最盛，缤纷的花海就如地毯一样，红花绿叶相辉映。因而博得"海滨花后"之美名。

　　马鞍藤除了观赏性强，还是滨海地区理想的防风固沙植物，另外它的干燥叶片入药，性味辛苦，可祛风除湿、拔毒消肿。尤其对海蜇刺伤所引起的风疹、瘙痒有良好的解毒作用。

(二)水芜花

在东岛北岸的海滩上,有一片铺在岩石上的绿色植被。当地渔民称之为水芜花。到过西沙的渔民,都说西沙的东岛有三宝:水芜花、鲣鸟和野牛。东岛是南海诸岛中第二大岛,也是植被最好的一个岛,面积 1.6 平方千米,岛上的水芜花十分茂盛。多分枝小灌木,高约 1 米,有时成小乔木状,高达 11 米。

很难想象,坚硬的礁石上也能生长出枝繁叶茂的高等植物,这是我国少见的岩生灌丛植被水芜花群落。它们扎根于岩石上,深绿色的枝叶密实地簇拥在一起。奇特的景象让你觉得仿佛是岩石上平铺了一层厚厚的绿色绒毯。水芜花是生长在珊瑚礁上的草本植物,茂密的小圆叶中开着星星点点的小花,生命力特别顽强,给海滩增添了无限生机。

水芜花是一种生长在珊瑚礁上的草本植物,而且这种植物只生长在东岛。在东岛北岸的海滩上,大片的水芜花铺在岩石上,茂密的小圆叶中开着星星点点的小花,让整个海滩都充满了生机。

如果遇到珊瑚礁岩上的水芜花花期，一般在5月左右，海滨植物繁花似锦，少见的三星果藤、水芜花、白水木和草海桐等不约而同盛开。其中的水芜花尤其醒目，白色小花朵在翠绿的树叶中齐绽放。

大片绿油油的水芜花海，根系就长在珊瑚礁岩块上，沿着崎岖岩块生长。水芜花受海风吹袭形成千姿百态的造型，加上叶小、皮糙，是做盆栽的极佳植物。

水芜花的木材坚硬，不易劈裂而易光滑，常用作工具把柄，也可供制锚、木钉等；也做护岸树种。

（三）草海桐

草海桐是常见的海岸树种，长时间处于严苛的环境下，常在砂原后方的海岸林前线丛生，也常和林投、黄槿等树种混生，形成海岸灌木丛，常绿灌木，茎粗大，光滑无毛，草海桐高达1~2米，它的枝顶叶片颇似竖着的两只羊角，所以又称为"羊角树"。遇到迎风时它总是尽量压低自己，以免树大招风，簇簇的绿叶，又光又亮，可减少水分散失。叶丛生枝顶，肉质，上有不明显锯齿。草海桐一年四季皆有花和果实，花呈白色，似开半边。白色小球果，玲珑剔透，犹如一粒粒的明珠，挂满枝梢。

草海桐是一种常见的滨海植物，当地的渔民说，这种植物是可以救荒的。粮食断绝时，可以用来充饥。其肥美的叶子是很多的，但是它的味道不好，在如此的太平盛世，应该是没有人会去吃它吧。

在西沙的几乎每一个岛屿上，都分布着草海桐的足迹。它们常常围绕在整个岛屿的沙堤上，与限毛树和海岸桐混生，构成岛屿外围的绿色屏障。在广金岛、琛航岛、珊瑚岛、普卿岛等岛屿上，全岛几乎都被草海桐所覆盖。有些远航的渔民在茂密的草海桐树丛中砍出一片空地，钻进去，这里就成了一个阴凉而安静的天然休息室。在炎热的西沙，要是在这样的休息室里枕沙听涛，那一定是件十分惬意的事。

草海桐是典型的海滨植物，主要生长于沙岸和岩岸环境，它油绿发亮的叶及看似缺一半的花，肯定会令见过的人印象深刻，听说草海桐还有一个凄美的传说。在古时候，阿美族部落里有个美丽的公主，有一天公主送情郎出海捕鱼时，在路上摘了一朵花，撕下一半自己留着，另一半交给情郎，希望他惦记着公主，记得早早回家。公主每天到海边引颈盼望，情郎却仍是音讯全无，日子一天天过去，焦急的公主每天以泪洗面。有一天，公主消逝了，族人却在沙滩上发现了一棵开着半边花朵的植物。

久远以来，不分寒暑昼夜，公主仍是带着那半朵花，等待着情郎归来。

这段传说虽然凄美却也让草海桐披上浪漫的色彩。

草海桐，常绿灌木。别名水草、水草仔、细叶水草。草海桐花期6月至10月。果实为核果，椭圆形，成熟可食用。草海桐是海岸固沙防潮树种，抗污染及病虫害能力强，生长迅速。

麻风桐往往丛生在一起,长成森林,对海鸟来说,枝杈较多,易于筑巢,且树大可抵御风雨,是白鲣鸟和其他海鸟的主要栖息场所。

(四)白避霜花

白避霜花又称麻风桐,也称抗风桐。属于热带常绿乔木。它生长茂盛,分布面积广。是在西沙生长着的原始热带树种,其中又以永兴岛、金银岛和东岛分布的面积最大,大都相连成片。分布面积最小的是琛航岛,仅在岛内低平地带有生长。

麻风桐的树皮呈灰白色,表面光滑、在树干上有明显地保存下来的沟和大叶痕。它夏季开花,花白色芳香,秋季结果。整个树干在离地面1~2米即行分枝,树干多呈弯弯曲曲的向上发展,因它弯曲的树枝,如同得了麻风病的手指一样,而得名。树高一般是8~10米,最高可达11米。麻风桐愈近海岸或树林的边缘地区,生长得愈矮,主要是在沿岛的沙堤以内地带,特别是地势低平的地区生长。这样可以减少风吹的影响,使枝干不易折断。

麻风桐树冠茂密,生长地区人类活动少,整个树冠就成了鲣鸟栖息的幽静场所。麻风桐还是猪、牛、羊最喜欢吃的饲料。

（五）椰树

椰子树，是我国渔民开发南海的见证。海南渔民开发南海初期，岛上几乎空无一物，人在岛上生产生活，连坐的地方都没有，上去只能站着。

海南渔民在南海岛屿上种植椰子树，有据可考的是19世纪中期开始的外国记载，19世纪60年代英国编著的《中国海指南》记载："林康岛（东岛），岛之中央一椰树不甚大。"

根据调查，在清光绪年间，琼海县渔民在太平岛西北部建庙一座，打挖井一口，种植椰子树200余株。此外，西月岛、中业岛、双子礁、南威岛、南钥岛、鸿庥岛、太平岛等等，都有海南渔民种植的椰子树。

西南中沙群岛办事处编著的《海洋的叙说》一书记载：1951年，琼海潭门草塘村船主许开茂到南沙作业，遭遇风暴，便到南子岛避风，却因逆风无法返回，只好在南子岛上搭棚暂住。渔民们看到岛上掉落的椰果已经发芽，大家便把这些

> 椰子树具有很强的漂浮能力，常常可以在海中漂泊数月，然后在适宜的海岸上安家落户。在西沙群岛东岛上，树上的椰子掉到地上就会发芽，而且这些椰子不需要埋入土壤中，落地就能生根发芽。

这是琛航岛上难得一见的连体树,全世界只有5棵,在中国西沙群岛就屹立着1棵,似乎是在守卫着这片海,连着守卫着这里战士的心。

发芽的椰果移植到日本人曾窃挖鸟粪的空地上,每人至少种植10~20株椰子树,待他们离开时,南子岛已遍地椰树。

最早开发南海的海南渔民,以琼海、文昌渔民居多,这两个地方既是海南的侨乡,又是椰乡。

1982年至1992年，中国热带农业科学院文昌椰子研究所的科研人员，每年都会到西沙群岛种植椰子树，永兴岛、东岛、中建岛、琛航岛、金银岛、珊瑚岛等8个小岛，都留下了他们的足迹，都生长着他们种下的椰子树。

【卷三】 生活南海

生活在南中国海上的广大渔民，多以海南与广西地区为主。千百年来的耕海生活，这些渔民已经形成了独特的渔家风俗和习惯。他们的捕鱼方式、行船规矩、耕海禁忌等，都有一套完整的、与内陆百姓生活完全迥异的习俗。而这些习俗，又多以大海、行船、捕渔有关。例如，父子不同船，这样的习俗保证了生命的延续。奇特的捕渔方式，又让我们感到匪夷所思。

三沙诸岛，可以说是海南潭门镇渔民最早开发、命名、作息的地方。潭门镇与三沙市，有着千丝万缕的关系。如果说内地的农民都有责任田的话，那么三沙市就是潭门镇渔民的责任田。

早些年，长坡的青葛、欧村等村，也有很多渔民长年在西沙、南沙潜海作业，但做海的风险太大，加上现在很多家庭只有一个男孩，一些渔民就不想再去冒这个险了，所以长坡的渔民大都弃船上岸搞养殖、运输。但这么多年来，只有潭门镇人还是坚持耕作在自家祖宗海里。可以说，没有勤劳勇敢、坚韧不拔的潭门人，就没有现在的三沙市。

第八章　渔家风情

（一）海钓

能够往南海钓鱼者，都是资深的钓鱼高手，普通的江河湖泊已经轻车熟路，各路钓鱼高手已经把钓鱼这门艺术发挥到极致。很多人开始向往海钓。海钓无论是从行程或规模方面来讲，都与江河湖泊不可同日而语。海钓玩的是气派和大境界。南海渔场，各类渔业资源丰富，是每个钓鱼人心中梦寐以求的天堂。经常钓获的鱼种有连尖、三点鲳、海鳗、青衣、金鼓、泥猛、石斑、鲻鱼、黑鲷等。

去西沙海钓，一次一般花费时间5~7天。海钓分矶钓和

海钓，可以说是钓鱼爱好者梦寐以求的事。有人形容这里的鱼之多，一半是海水，一半是鱼。几十斤重的鱼最常见，如果钓上来上百斤的石斑鱼也很正常。西沙的鱼太多，基本上用什么方法都可以钓到鱼。4月份，海底飞龙最多；冬天，马鲛鱼、金枪鱼最多。

船钓。

矶钓是站在礁石上钓，而船钓是坐船出海垂钓。每年5~8月是大洋性洄游鱼类在南海海域活动旺季。

船钓有时采用活鱿鱼做诱饵，从渔民手中买回，每只5元钱，一次出海则需要带上600多只活鱿鱼饵料。

现在，有人发明了一种新兴环保的"铁板钓法"，即把涂上各类鲜艳反光色的铁板伪装成诱饵，因为鱼类都有趋光性，夜晚它们会向着有光的水域游来，这样既环保也更易捕获。

西沙的渔民不同于其他地方，他们祖祖辈辈从事海洋渔业作业，从不用渔网，只用钓鱼和徒手潜下一二十米的深海去捕捞作业，这种技巧，有点与生俱来的意思。先钓炮弹鱼。

先用棉絮，把吊在单鱼线上的小钩做成诈饵，五六个小钩一旦装上诈饵，抛进海里，在渔船迅速前行的过程中，五六个小棉絮就成了诱饵，引来炮弹鱼的追逐和撕咬，很快一条条炮弹鱼就上了钩，被船老大拿下。

这些炮弹鱼，又成了钓马鲛鱼的诱饵。方法是：剖开炮弹鱼，把大鱼钩挂进炮弹鱼的腹内，把鱼肉翻转过来包住鱼钩，再用鱼线缠紧，才算是把钓马鲛鱼的鱼饵做好了。渔船上的鱼钩巨大，鱼线足有筷子那么粗，然后放线。鱼饵从船尾部把钓钩放下，然后就紧盯着由船拖着在水面上不停蹿跳的鱼饵。很快就有马鲛鱼被钓上船来。

西沙永兴岛与七连屿之间有一条千米深的巨大海沟，深海沟旁边不远，就有一条属于马鲛鱼的鱼路，渔民基本上就直接把船开到这里来。马鲛鱼上钩后，就会在船尾掀起浪花，一般都拖行一个多小时，等鱼的力气耗尽了，才用船尾的绞盘把鱼拖到船帮，再用大木棒猛击鱼头，直到血肉模糊，确认马鲛鱼失去抵抗能力，才最后拉到船上来。为什么要下如此重手？渔民说，你不打它，它会咬你，咬住了就不松，手都会被它咬断。

一条重达 28 千克、长达 1.25 米的金枪鱼运抵市区，引起百姓围观。这是目前国内放流手钓到的最大的金枪鱼。由于这条金枪鱼实在太重，3 位渔民耗费了 1 个多小时才将它成功钓起。

据目前市场行情，这条超大金枪鱼的市价，一般都在万元以上。

（二）渔民年俗

南海渔民，虽远离内陆，但每年农历岁末，他们也会回乡过年。

渔民过年习俗跟岸上人家最大的区别，在于什么都离不开"海"和"鱼"。逢农历十二月二十三日，岸上的人开始拜灶君，而渔民在这天除了敬灶神，还要捞一条活鱼供祭，

海南渔民的祭神历史很悠久，这是渔民长期在生产生活中形成的一种传统习俗。祭海神形式表达了渔民对大海的浓厚情感和敬畏之心。以前有一种大风船，船上供有海神娘娘，在船尾设有香案，供 3 杯酒。出海时，船老大站在船面上，先行祭拜，祈求风平浪静。现在，船上不再供海神娘娘，在海岸上则设有海神殿供渔民焚香祭拜。

祭毕放生入海；岸上人农历十二月二十四日开始"扫屋尘"，渔民这天也要开船回到港口，用柚子水洗船搞卫生；渔家在大年初一这天是不能扫船的，认为扫船会把船中的好运气都扫光，所以，在大年三十之前，渔民都会把船舱甲板及所有东西清洗干净，因为大年初一是禁用扫帚的。

大年三十是渔家最隆重的庆典日。这一天，渔家要在船上张贴对联，在船头贴上"福"字，而且不能像岸上人家那样可以倒贴（倒贴有"翻转"之意，为船家一大忌），还要在船头、船尾、主桅上张贴"顺风得利"、"一帆风顺"等"红额"，在船舱口贴春联和门神，竖起彩旗、挂上灯笼，把渔船装点一新。

大年三十这天，南海渔民会早早做饭，以饭、茶、酒及三牲祭品奉香烛拜敬祖先，鸣放鞭炮庆"团年"。在团年的时候，如船中有亲人外出未归，席间必多备碗筷，以示合家团聚；若船上有新婚儿女，就要多添一副碗筷，取添丁之意。

这些长年在海上漂泊的渔民们，一年到头，难得与家人团聚，因此对过年特别看重。春节期间，南海各地的渔民们分外忙碌，他们张罗亲朋聚会吃饭喝酒，邀请戏班唱戏，组织渔歌对唱等节庆活动。

在潭门，渔民们欢欢喜喜过大年，从年三十开始，热闹喜庆的气氛在潭门镇就一直没有断过。俗话说：十里不同风，百里不同俗，就算是一个市县，

渔民逢出海必焚香祈祷，举行祭海仪式。他们按照传统习俗，面朝大海焚香祈祷，祝福亲人平安归来，期盼一帆风顺，鱼虾满仓。

不同的乡镇也有不同的节庆方式。潭门镇的船老大们，他们是怎么过年的呢？

在潭门镇的尚教村，这个靠海的小村庄里，鱼灯成了这里每年过年的主角，耍鱼灯也是这里渔民们一种特殊的欢庆春节的方式。

鱼灯里，有个渔翁，当地人呼之为姜太公，他四处穿梭，见到鱼就追着跑，拿着渔杆去钓，这个节目，叫姜太公追鱼。

鱼儿戏龙珠，渔翁来钓鱼，这都是让百姓喜欢的节目，通俗的寓意，在这样一场舞鱼表演里体现得淋漓尽致。当地习俗，渔民们大年初三，是靠海人家的开春之喜，每年到了这一天，村里的舞鱼队便敲锣打鼓走街串巷，鱼队游到每家每户门前演出，给渔家人带去来年吉祥喜庆的好兆头。当然，渔家也会给些红包，大家喜笑颜开，皆大欢喜。

潭门鱼灯，一般要做10多天，上面有彩色，人物，花卉图案什么的，有时要有半个月才能做好。因为鱼灯是潭门镇老一辈人传下来的喜庆节目，做鱼灯也要分年份，很有讲究，恰逢农历龙年，这领头鱼必须是鲛，鲛咬了龙珠后会化身为龙，一步登天，来年当地的渔业也就蒸蒸日上了。

渔歌对唱，也是南海渔民过年习俗中最大的一个亮点。随着社会的发展，渔歌内容也不断推陈出新，许多现代版的原创渔歌层出不穷。这些渔歌既保留了传统的曲调韵味，又融入了许多时代元素。传统渔歌把鱼、虾、蟹、螺等都拿来唱，唱的是渔家生活的甘苦和对大自然的感恩；现代渔歌的主题多为歌颂美好生活、憧憬甜蜜爱情。

除了荡气回肠的渔歌对唱，南海渔民在过年时还会开展一系列如划船、摇橹、拉船、织网、舞狮、舞龙、舞鲤鱼等富有渔乡特色的比赛。

（三）父子不同船

南海渔民出海，多有"父子不同船"的规矩。尤其是过去，渔船吨位小，抗风浪能力差，渔业生产危险性大，每当出海，则是"脚踏渔船板，性命交给天"，为支撑一个家庭，同一家庭成员不得在同一条船上作业。"父子不同船"是渔家世代严守的准则，并发展成"父子兄弟不同船"，以免发生意外时亲人同时遇难。

南海路远浪大，有时台风说来就来，根本没有预报。掀翻渔船的事，是家常便饭。渔民们也养成了相互救援的习惯，并形成传统世代相传。只要海上有人发出求救信号，一旦被渔民发现，就会立即停止自己的工作，驱船前往救助，不管多么艰难，不管多么危险，将自己的生命安全置之度外。如遇到海上漂泊了很久，断了粮、淡水的船求助，则无偿送上帮助，一碗饭分开吃，一口水分开喝；遇到失去航行能力的船，则千方百计将它拖回港口；有船只遇难，拼命也要救助他们脱险。救援者不要感谢，不计报酬，因为这是老一辈传下来的规矩。

海上生产，谁都会遇到个风大浪高，三长两短，谁见到都应该救助，那不光是救别人，也是救自己。

由于海上形势严峻，渔船上也有统一的管理。总指挥就是船老大。船老大也有年轻的。平日里，船老大虽受船员尊重，但船员可反驳老大的话，特别是年纪大辈分长的船员，甚至还能训斥老大。可一旦出了海，船老大就有绝对权力，船员必须服从，半点折扣不能打，就是长辈也得俯首贴耳。特别是遇到风浪天气，绝对把分散的意见统一到老大的意志下，这样全体船员才能各司其职，相互配合，步调一致，战胜困难。

例如，每当渔船在南沙遇到"黑风暴"或回航途中遭遇台风，这时就是对船长全面的考验。那时船在大海中颠簸厉害，风暴刮得船到处乱漂，最怕碰上礁尖，全船会覆没。这时，为了减缓船速，是下头锭还是下尾扣，很有讲究。特别是尾扣，将大碗口粗的缆绳3根绞成一股，有几丈长，两头系在船尾两侧的木桩上系牢，然后缆绳投入大海，海浪将缆绳冲成一个在大海中的半圆圈，阻力极大。这样可以阻止船的漂流速度，但也存在尾扣冲入船底的可能，容易叩击船底而致险。

如果船被冲上礁盘，为了减轻船的负重，往往要将船上所有能丢弃的东西包括几只舢板，统统投入大海。

诸如此类，许多突发性的海上危险，是最考验船长经验与胆识的时候，船长判断正确方能化险为夷，否则后果不堪设想。

图中的这些孩子很小就跟随长辈出海，有的孩子都曾到过西沙。过去是父子不同船，那是因为条件所限。现在航行南海，都有导航仪、卫星定位仪、卫星电话等通讯设备，各种海况均有可靠的预报，放假的时候，孩子们可以随船出海，那是多么高兴的事啊！

[卷三] 生活南海

（四）自古行船半条命

海上有句俗语："自古行船半条命。"能活下来就很了不起了。海南渔民在闯荡南海的悲壮历程中，付出了鲜血和生命的代价，而这也铸就了他们豪迈强韧的性格。

渔民们共同的性格特征体现在他们经常口头说的3句话："再大的风浪也是船底过！"、"宁可死在海里也不死在家里！"、"踏平南海千顷浪！"渔民们世代闯海，对大风大浪司空见惯，习以为常。

闯西沙、南沙的渔船越造越大，清代中后期，特别是在捕捞所得渔货可以输出到东南亚出售后，渔船都一般改原先的单桅、十数吨的船，变为二桅或三桅的风帆船。二桅船有二三十吨，甲板上放有4只舢板。三桅船载重能达到三四十吨，可以放5只到7只舢板。

渔船出海以半年为一期，出海前要备足各种生产资料和生活资料。生产资料中除了船上应该具有的锚锭以外，还要

现在南海渔船的吨位都比较大。到三沙时，有很多岛礁都无法靠近，只能乘坐小艇上岛，用渔船上的吊车把小艇或舢板吊放到海面上。有的渔船总吨位达到200多吨，可配10名左右的船员。如果去一趟远的渔场，比如钓鱼岛附近，一般需要20天左右方可返航。每次出海，大约能捕到10来吨鱼。

有遇到大风时"下尾扣"的大缆绳等。生活用品中要准备柴、米、水、火以及油盐等。其中，柴及水到了西沙还可以补充若干，但火柴、火石等一定要备足，而且在遇到风浪时要注意防潮。

一艘船上，大米也要准备三四千斤，一些有经验的船长还会准备几百斤黄豆，用来在海上生豆芽，以补充人体需要的植物纤维和维生素，避免得浮肿病和红眼病。

一路航行的船上，渔民可以钓鱼，随钓随吃，还有远航的渔船，甚至在上面养一两头猪，在路上慢慢享用。

到达渔场后，渔民放下舢板，每条舢板上有四五人，由舢板头摇桨。海南潭门渔民多潜水进行渔捞，他们个个练就了一身潜水探宝的好本事。因为南海海水清澈，能见度高，渔民们就潜入水中，抓海参、捕苏眉、擒龙虾，这些海产品经济价值高，但捕捞作业危险性也较大。潜水到10米左右，体能消耗很大，裸眼捕捞，对眼睛也有伤害，但为了养家糊口，渔民们世代如此。

2010年，台风"康森"登陆南沙时，中心风力达到13级，当时岛上风雨大作，不少椰树被连根拔起。此次"康森"在南沙群岛登陆，造成10艘渔船沉没，由于防台措施得当，南沙没有发生人员伤亡事件。

南海渔民远洋捕捞，有时要几个月后才能回来。在大海上，除了淡水金贵，还有就是蔬菜。人长时间没有蔬菜，体内就缺少维生素，各种病状就会出现。南海气温高，蔬菜类不易保存。有的渔民就带着种子，在一些荒岛上种菜。但是，由于岛上高温、高湿、高盐气候的侵袭，使得本来就脆弱的菜苗成活率极低，只能有些微薄的收获。

（五）岛上种菜

上百年来，潭门渔民行走西沙南沙，已经养成了节约淡水的好习惯，即使是一小桶淡水，在危机时刻七八个渔民也可以用上半个月，但船上岛上没有青菜吃，也是渔民们一直伤脑筋的事。没有青菜，就没有维生素、纤维素，人的身体就会得浮肿病。

在过去的年代，出海时间长，船上设施落后，不像现在的船上都有冰箱，即使出海时带上青菜，对于漫长的捕捞日子，也是无济于事，这是造成渔民浮肿病的主要原因。所以，以前几乎每条船上都有菜籽，当他们到达一个小岛时，会选择一个适合的位置，种上青菜，不论日后谁到这个岛上，能吃到一点青菜，那都是最为珍贵的帮助。

但是，并不是每个渔民都很幸运，都能到岛上吃到青菜。

一旦遭遇维生素危机，轻则全身浮肿，重则丧命。2003 年，潭门渔民去东沙捕捞，当大船回到潭门补给时，5 个渔民选择了在一个搁浅废弃的渔船上继续驻扎捕捞，没想到大船回到潭门，由于政策原因，这个航道被关闭了，5 位渔民被困海中。

当时被困的渔民说，生活在大海之中，每天捕捞结束，能吃的只有海鲜，顿顿都吃鱼，不知道为什么，大船回到潭门补给后没回来，大伙困在海上又不知道是什么原因，每天都在盼望。

最后，潭门渔民把此情况上报政府。经过将近 1 个月的协商，最后决定开船去接 5 位渔民回来。

由于极度缺乏叶绿素和维生素，每个渔民身体都开始浮肿，当看到家里的船来的时候，几人抱头痛哭。他们说，再晚来几天，几个人真的就要命丧大海了。

（六）捕捞海珍

海南渔民早先在南海诸岛海区作业，很多人都误认为主要是捕鱼，其实不是。普通鱼不太值钱，数量再多也不会多要，只是偶尔捕捞一些鱼虾，在船上自己吃。渔民们的生产项目，主要是以捕捞海珍为主，包括捕捉海参、海龟、玳瑁，捞取公螺、砗磲，采集麒麟菜等。这些海珍，价格奇高，一直供不应求。

海参自古是名贵的礼品。渔民到达西沙、南沙的一些浅海礁盘时，发现那里的海参多得像晒谷场上的谷子一样。海参品种丰富，有梅花参、二班参、黑尼参、蛇目参等 10 多种。海参一般在水下二三十米处，渔民们用长绳竹竿绑上带钓铅锤，潜水捞取。

海南渔民早先在南海诸岛海区作业，很多人都误认为是捕鱼，其实当时主要的生产项目包括网钓鱼虾，捕捉海参、海龟、玳瑁，捞取公螺、砗磲，采集麒麟菜等。一般情况下，渔船采集了海参放在舢板上，到某个海岛，将海参卸下，剖开去肠，用草木灰拌着晒干或放在木炭上烤干，晒干后的海参每只有半斤以上。

　　一般情况，渔船采集了海参放在舢板上，到某个海岛，将海参卸下，剖开去肠，用草木灰拌着晒干，或放在木炭上烤干，晒干后的海参每只有半斤以上。

　　牡蛎，西沙、南沙的种类也很多，大部分在水下十几米黏固在礁体上生长，其肉干最大的有1千克以上。正常情况，每艘船一天能获50千克左右。牡蛎肉味鲜美，可加工制成蚝豉、蚝油及罐装品。

　　西沙、南沙还产马蹄螺，渔民多称其为公螺，贝壳多呈圆锥形或蜗牛形，栖息在潮间带至浅海岩石、沙或泥质海底。起初海南渔民拣公螺只是取其肉，壳丢掉。现在，把马蹄螺壳的珍珠层磨碎，可做飞机用漆的原料。

　　现在，很多海产品被国家保护起来，不能随便乱捕。有的渔民想出了新路子，开始进行人工养殖，这也是目前南海渔民们即将面临的新课题。

第九章　重镇潭门

（一）潭门素描

从琼海市区到潭门镇大约需要 20 分钟车程。小镇周围都是大片的芭蕉林，道路两旁长满槟榔树、芒果树、菠萝树、桉树，更高大的椰子树等，这里完全是一派热带风光。

潭门镇位于海南岛东部沿海，是海南岛通往南沙群岛最

潭门镇是商旅云集的地方，潭门镇渔港为海南省最大渔港之一，每天都有上百条船从西沙、南沙群岛捕鱼归来，每年上岸的海产品有 10 万吨左右。

近的港口之一，也是西沙、南沙、中沙、东沙群岛作业渔场的后勤给养基地和深远海鱼货的集散销售基地。这里适合农耕的土地很少，当地只好扬帆出海，向大海讨生活。

1957年1月，海南岛琼东县（今琼海市）沿海的潭门和青葛两地组合成立了潭青乡政府。当年4月，副乡长郑有轩组建"西南沙开发队"共28名队员前往西沙，其中女性16名。

渔民印象中，这是海南历史上破天荒第一次，渔家妇女直接参加西南沙建设。开发队购买黄牛、小猪、山羊等运到西沙永兴岛，还在岛上种植了100多棵椰子苗，在东岛种了300多棵。当时才15岁的潭门村姑娘郁振花被安排放牧牛羊群。如今，经过当年繁殖自由发展的野牛，成为西沙群岛最引人注目的牲畜。

1958年12月，郑有轩又组建了"潭门西南沙渔业公司"，下设"妇女队"，由65名妇女组成。妇女队在永兴岛拓荒种植甘蔗、瓜菜等，同时从事畜牧业和饲养鸡鸭，满足在西沙的渔民生活所需。

潭门渔民，他们是中国史上的一个特殊的群体，他们世代闯海，以简陋的渔船行走在祖国南端最为广阔的海域。面对变幻莫测的狂风巨浪，潭门渔民仍然以顽强的闯海精神，奋力搏斗在辽阔的海域。

如今，我们在潭门镇，透过一个个黝黑沧桑的面孔，我们仍能感受到渔民们驾船远航，在狂风巨浪里命悬一线的挣扎。正像一位渔民所说那样："自古行船半条命，潭门渔民数百年来把往返南海的航线就当作脚下的马路，谁都知道出海之时面临着危险，但是潭门渔民从来没有惧怕过，自从你上船那天，命运已经不在自己的手中。"

在潭门镇，每个渔民都是一部生动的故事。他们的航海经历，与海浪搏斗，与外国军警对抗，每个人都有着完全不同的遭遇。有的渔民回家了，有的渔民却永远离开了潭门。

冬日的潭门港略显拥挤，在一处避风港内，停放了数百艘船只。港口的另一边，便是沧瀚的大海，海浪一波又一波涌上港口防护堤，堤坝外侧，大海汹涌澎湃，堤坝内侧，港内风平浪静。港口停放着数百条船只，但内行人一眼就能看出哪些是潭门的渔船，哪些是外来停泊的渔船。如今的潭门的渔船，宽大气派，油漆刷的铮亮，船头一般都包着钢板，看上去十分坚固。

潭门港最热闹的时候，是在春节。长期出海作业的渔船如今几乎全部回来，他们满载而归，一艘艘渔船错落有序地排列在渔港河道两侧，中间的航道不时有小汽艇穿梭往来。那些生鲜的深海鱼类有专人上船收购，一年到头，春节是最

海南琼海潭门渔港，是海南岛最大的渔业远海捕捞船集中的重要港口，也是西、南、中、东沙群岛作业渔场后勤的给养基地和深远海渔货的集散销售基地，被国家农业部定为一级渔港。休渔节结束后，停泊在渔港内的船只开始了繁忙的航程。当朝霞从东方升起，出海的渔船接踵而归，潭门渔港又迎来了兴旺的鱼市。

快乐的时候。渔民们一遍又一遍拭擦着自己的渔船。由于进入休渔期，渔港虽小，却也有近300艘渔船。别看潭门是个小渔镇，却是南沙渔业生产的重镇，广东、广西、海南3省（区）获准前往南沙进行渔业生产的船只有800余艘，潭门就占了近200艘。这里的人们依然追随着祖辈的航迹，在云飞浪卷的南海里讨生活。

由于潭门镇的渔民都是远洋捕捞，所捕海产品皆为名贵的海鲜，每当渔船返港之际，就有许多来自广东各大城市的海鲜冷藏冰柜车，在渔船旁等待装货。由于去南沙、黄岩岛等地，海路遥远，基于成本的考虑，潭门渔民多以捕捉海参、海蟹、龙虾等高价值海产品为主。当然，在潭门镇，紧邻渔港的街道另一侧，排列着许多自选海鲜酒店，各地游客可以在这里吃到最新到港的海鲜，各种野生捕捞的海产品只有内地价格的1/3左右。

在渔船归港的日子里，渔民们三三两两聚集在一起喝茶聊天。他们此时显得很平静，闲聊着几个月的海上生活，和在狂风巨浪里出没的惊险经历。

年轻的渔民们有了新的变化，除了上网，他们还会去琼海市区闲逛。在疯狂的大海上能够活着回来，对潭门镇的渔民而言，有着非同寻常的意义。也许，他们对于人生看得更为透彻。在海上，每一天都经历着恐惧与危险，还有与外国军警的周旋，能够活着回来，就是从鬼门关前走了一回。这些归来的年轻渔民，终于从一种极度的恐惧中回到了现实，他们总是要结伴而行，搭乘出租车到琼海市去及时行乐。

潭门镇从一个破落的小渔村，正逐步变成一座美丽的现代化小渔港。2013年4月8日下午，习近平总书记在海南琼海市潭门镇考察，并走上琼琼海09045号渔船，与渔民亲切交谈。

（二）潭门渔民眼中的南海群岛

潭门的渔船开到南沙诸岛，约需要 5 天 5 夜。

南沙群岛的最早开发者。据广东省及海南行政区 1977 年和 1982 年两次调查，历史上经常前往南沙及西沙群岛进行生产活动的渔民，以海南岛的琼海和文昌两县最多，其次是陵水、万宁、临高和三亚。

琼海县 1974 年曾做过一次调查，在 1824 年（清道光时期）以前，该县青葛地区渔民吴坤俊和李泮松等人就已到西沙和南沙海域捕鱼。1871 年，则有潭门上教村渔民何大丰等 20 余人到南沙群岛从事捕捞。而据潭门一些老渔民介绍，其实潭门渔民去西沙南沙捕捞，年份更是早于这些年代。据潭门

潭门镇在南海三沙市的渔船已达到 160 多艘，4000 多渔民出海。渔民在茫茫大海上行船，碰到灾难性的恶劣天气或者突发事故时，往往孤立无援。这时，他们最希望看到的是祖国的渔政船，或者由中国控制的南海岛礁。那样，他们就会很快得到帮助和照顾。渔民们说，只要看到五星红旗，心里就踏实了。

[卷三] 生活南海

66岁的老渔民卢裕钦说,他家的祖辈是明朝从福建远航而来,一直从事海上捕捞。

据卢裕钦介绍,在抗日战争前,光潭门去西沙、南沙的渔船每年就有二三十艘,渔民三四百人,均为男性。抗日战争时期,渔民不敢出海,抗战结束后,渔民又恢复在西沙南沙的捕捞。在1946年至1949年,琼海潭门渔民往来及居住南沙群岛,从事渔业生产从未间断。到了1956年,台湾向太平岛派驻军队后,海南渔民的生产活动仅限于西沙一带,到了改革开放,海南渔民又开始大规模地前往南沙海域作业。

在过去的几十年里,随着南海丰富的资源越来越多地被发现,其特殊的战略地位使得其他一些国家瓜分南海的企图日趋明显。潭门渔民在南沙作业期间,多次遭到他国海警军舰的驱赶、扣留,甚至枪击。1995年3月25日,我潭门4艘渔船、62名渔民在南沙群岛美济礁附近进行捕捞作业时,被菲律宾无理抓扣并关入监狱。

被外国军警扣留的事,对于潭门镇的百姓来说,可谓家常便饭。潭门镇的渔民只要去三沙,都有在外国坐牢的经历。这些国家有:菲律宾、越南、印度尼西亚、马来西亚、帕劳……

随着南海丰富的资源越来越多地被发现,南海这片海域特殊的战略地位使得其他一些国家瓜分南海的企图日趋明显。而国与国之间的渔民,有时候在南海打渔就会有意无意地越界。图中就是一条越南渔船开入中国海域进行捕捞。

有时父子两人同时坐牢，比如，父亲在越南，儿子却在印尼。

所谓"坐牢"，只是晚上在一个并非监狱的房间里住着，白天还可以在当地的镇上逛街、打球，三餐要回自己船上做饭吃饭，就这样闲逛几个月后再放回，只有"犯罪"较重的船长，才会在闲逛几个月后被带到监狱里入住一段时间。

有时，中国的渔民们越走越远，常常捕捞着，就不知不觉就到了东南亚各国，于是就上岸去吃个饭，逛逛街，顺便补充给养，买些东西再回船上。还有，有的中国船长，在买东西时被当地姑娘看中，她们对远道而来的中国渔民充满景仰，对中国更是向往，于是结婚，生子，过两三年再回家的，也有很多。

在潭门镇的渔港，笔者采访了渔民丁之强。春节刚过，渔民们有的已经开始做好准备，为远航南沙做准备。丁之强刚买了一条新船，他告诉我，以前他都是在其他船上帮人打工出海去南沙，前后有10多年的时间。现在，他一共花了40多万元，购买了属于自己的船。虽然只有75吨，但不管怎么说，现在咱也是有船一族了。如今，他要开着自己的渔船去南沙。城里人买房买车，渔民就盼望着能有自己的船，那样，自己就是船老大了。按照规定上了牌照：琼海渔02036号。

丁之强说："南沙的渔业资源远优于西沙、东沙、中沙海域，是南海岛礁最密集的区域，非常适合礁盘作业。20世纪90年代是琼海潭门渔民前往南沙捕鱼的黄金时期，我那时经常去南沙六门礁附近捕鱼，平均每年都有3至4个航次，每次50天左右，所以对南沙海域非常熟悉。"

丁之强说，去南沙最危险的，不是惊涛骇浪，而是外国军警。18岁那年，他随叔叔去南沙捕鱼，一艘入侵的外国军舰没有任何警告就直接向渔船开枪了，打伤了很多渔民，他的腰上还有子弹留下的疤痕。外国军舰的军人还登船抢他们的设备和食品。

渔民黎德权说，1995 年，64 个渔民被菲律宾抓去，4 条渔船被扣押，渔民损失巨大。黎德权在 1995 年的被扣事件中，不仅失去了一年的自由，同时也付出了经济上的惨重代价。他与他大哥在那次事件中遭受的损失共计 60 万元，包括两兄弟在 1993 年贷款买的那艘琼·琼海 00373 号渔船、生产工具、收成等，渔船被菲方扣押，不知去向。

一年多以后，黎德权从菲律宾乘飞机到福建，再坐火车回到故乡，已是物是人非。此后至今的 16 年间，他与他的儿子四处给船主们打工，偿还债务。

家住潭门镇林桐村年过五旬的符明范，走路有点跛。他讲述了在南海捕捞时，从鲨鱼嘴里逃生的故事。1999 年，潭门渔船来到西沙浪花礁，像往常一样，符明范和两个水手结成一队，摇着小艇去捞海参。那天的收成不错，下水三四个小时，就捞到一箩筐海参，就在他背着箩筐游回小艇时，同伴突然喊："快点，快点，鲨鱼！"

惊慌失措的他拼命地游，又怎能快得过鲨鱼，当他的手即将触到小艇时，他感到小腿剧痛，大白鲨已经袭击到了他，就在此时，他反身挥手用力一击，没有想到，这一拳击到了大白鲨的眼睛上，可能是由于剧痛，大白鲨还没来得及用力便松开了符明范，这一刻，把小艇上其他两位水手惊呆了。

虽然逃过一劫，但是他的小腿还是被鲨鱼撕开了一条近 40 厘米长的口子，做了简单的包扎，渔船立即启动，把他送回了潭门，到了医院之后，这个口子足足缝了 17 针。

在南海讨生活，最惨痛的不是外国军警的驱赶扣押，而是一次又一次始料不及的海难，自从潭门渔民出海那天起，海难就伴随着他们。

1934 年，潭门水沟村符大堂的船载着 18 位渔民出海，永远没有回来。

1950年，墨香村李树香的船在西沙中建岛遭遇台风，全船22人有15人遇难。

1975年的第一号台风，刮沉潭门渔船10条，卷走了55位渔民的生命。

最近的一场海难，发生在2008年4月。一场突如其来的台风，夺走了潭门渔民的18条生命。4月17日，台风"浣熊"袭击西沙。21日，我国海上搜救部门增派力量搜寻，以"南海救199"轮为现场指挥船的搜救船队，在救助直升机的配合下，全力在西沙北礁海域进行更大范围的搜寻。

从18日起，交通运输部南海救助局先后派出3艘救助船和一架救助直升机前往西沙搜救遇险渔民，经3天3夜大规模的搜寻，至21日晨，共救助救援中国渔船4艘，渔民44名，将其中26名救到"南海救111"轮上并送回三亚。此次台风，共中国渔船3艘沉没，渔民18人失踪，都是潭门镇的渔民。同时，发现了两艘越南渔船的残骸，救援了越

浪花礁，是西沙群岛宣德群岛最南的环礁，这里暗礁很多，激浪澎湃故得名，又称"蓬勃礁"。故为往来船只航行险区，现礁盘上有沉船4只。为保证国际航道安全，1980年5月浪花礁灯塔建成，浪花礁航道是马六甲海峡至我国南方港口必经航线的重要助航标志，也是我国的领海基点。

南渔民近百人，并给部分中外渔船补充了一批燃油和食物。

由于到南沙的路程远，成本比较高，所以渔民们对于普通的鱼，不论大小，基本上不去捕捞，而是主要以金枪鱼、马鲛鱼、红鱼、石斑鱼、鲳鱼、墨鱼、鱿鱼、龙虾、海参、玳瑁、贝类等为主。

据潭门镇的渔民们透露，在去南沙的路上，还得给许多外国守礁的官兵"拜山"。渔民们会给别国的一些守礁的官兵送些鱼虾，以求得路途平安，有时遇到台风或紧急情况时，也有个暂时避难的场所。只要时局不太紧张，去往南沙的海路，基本上是很顺畅的。

潭门渔民出海作业，最怕柴油或淡水泄漏，还有船员生病或者遇到大风浪。一旦在海上出现特这些突发事件，最有效的办法，就是向中国守礁官兵求救。如果附近没有中国守礁人员，只能硬着头皮去"拜山"，向最近的他国占据岛礁人员求救。当然，你得准备大量的海产品作为见面礼。

太平岛目前由中国台湾控制。潭门渔民也曾向太平岛求救。毕竟是同胞，危难时刻，总还是肯出手相助的。

潭门镇的黄鹏师傅讲述了他经历的一次拜山的经历。有一次，黄师傅所在的渔船在太平岛附近作业，突然起了大浪，估计有 11 级以上。渔船一会在浪底，看着前面的浪有几十米高，突然一下又被大浪托了起来，就这样起起伏伏在大浪里颠簸，场面十分恐怖。

潭门渔民祖祖辈辈跑南沙，有些人跑南沙比跑潭门镇的街道还要熟，南沙哪里能避风躲浪，他们比谁都熟，在太平岛附近没有办法只能去太平岛避风。具体过程是这样的——

在太平岛周围，布置有许多水雷，首先站在船头挥舞白色的毛巾，这是所有向守礁人员求救的一种通行方式。待对方确认后，会派出小艇，前来引路，不然，会误触水雷。上

岸时,把准备好的几筐海产品献上,有时是几百斤的鱼,这就算是见面礼了。然后被蒙住头,带至一个房间住下,不能随便走动,等风平浪静,才可以离开。

潭门渔民平时交流的一项重要话题,就是南沙海域哪个外国岛礁相对比较友好。如果一旦发生意外,可以硬着头皮去"拜山"求助。比如在越南南威岛附近海域作业,一旦出事就会去广雅滩或者南薇滩求助。比如,有人生病了,只能去拜山。

渔民说明来意后,把随船带来的礼物交给岛上的大兵,一般是海货和啤酒。

士兵会给渔民照相,然后向总部汇报。得到答复后,就会提供一些帮助:如果有病人就给病人打个救命针,如果船上没有水就给些水。有时候交流得比较好,越南的大兵们也会回赠一些东西作为礼物。

至今,黄鹏家里还有一个特殊的礼物,在他家的客厅里,摆着一颗明晃晃的155毫米口径榴弹炮大弹壳。他说,这是一次给越南人拜完山后,他们作为答谢赠送的。

从潭门镇出发,将航向调到东南110°,3天3夜后可到达黄岩岛,这是"琼·琼海08068"号渔船船长许卫再熟悉不过的路线。他是地道的潭门镇人,16岁开始出海捕鱼,每年2~6月和9~12月,他都要去黄岩岛,这是当地多少年来的传统捕鱼地点之一。去黄岩岛的渔民中,90%都是潭门人。

[卷三] 生活南海

(三）潭门渔民眼中的黄岩岛

2012年4月10日，一艘菲律宾军舰闯入中国南海黄岩岛海域，企图抓扣中国渔民。琼·琼海09099号船员陈明海说，5个菲律宾士兵，带枪上船，准备扣押。中国海监船随后赶至，渔民得救。

很长时间里，我们对海权的认识不够到位，加之建国之后，海军一开始也并不强，导致南海上咱们的很多岛屿慢慢被很多国家蚕食，形成某种实际的控制权，然后到了今天，他拿着不合理、不合法却实际控制的现实，口口声声说那块海域原本就是他们的。看样子，光讲理也是不行的，有文有武，权利该捍卫还是要捍卫，国家领土权寸步不让。

潭门镇，原本是一个默默无闻的海边小镇，却因为黄岩岛事件，越来越为人们熟知。能够去黄岩岛捕渔的，基本上都是潭门镇的渔民。也许，对于黄岩岛的了解，潭门镇的渔民最有发言权了。那么，在这些渔民的眼里，黄岩岛究竟是一个什么样的地方呢？

黄岩岛，并不是一个真正意义上的岛屿，而是一个礁盘，水深有一两米。一年中，绝大部分时间都被淹没在水下。黄岩岛在平常的情况下，露出水面的部分有时只有一张饭桌大小，这就是黄岩岛的主礁。在过去漫长的岁月中，它都平静得甚至有些寂寞。在20世纪90年代之前，菲律宾也从来没有说过黄岩岛与他们有关。

1997年，世界无线电协会将中国的黄岩岛选为无线电波发射基地，当时国家海洋局派了两艘船，把6名分别来自美国、日本和中国的无线电爱好者运到黄岩岛，但在无线电爱好者

工作时，菲律宾军方气势汹汹地派出了军舰和飞机进行干扰，当时海洋局的船长为了避免事态发展，决定先行撤走；菲方随后登岛炸毁了岛上的中国权属标志，并从那以后开始不断叫嚷"黄岩岛属于菲律宾"。

虽然黄岩岛露出水面的礁石并不大，但它除了重要的战略地位外，还有着丰富的渔业资源，每年四、五月和十、十一月都是属于风平浪静渔民作业的好天气。最近一段时间以来，由于我国海监船无论在船只吨位还是

图中展览的是从黄岩岛捞上来的黄白相间的砗磲，因其难得一见的色彩搭配而被制作成工艺品用做展览。

数量上都占优势，越来越多的潭门渔船来到了这里。每年四五月份台风季节前他们都会依照世代相袭的路线来此捕鱼。因为黄岩岛巨大的礁盘特别适合他们的捕鱼方式。

潭门渔民的捕鱼方式，与内地传统的捕鱼方式迥然不同。潭门渔民主要就是"抓"。他们抓龙虾、苏眉鱼、石斑鱼等，主要是潜入水下，用手去抓，用工具抓。由于潭门渔民这种特殊的捕鱼方式，像黄岩岛这样的礁盘对他们而言，尤其适宜，这也是他们来此捕鱼的一个重要原因。

潭门渔民的作业方式一般是一艘大船，出去的时候带一些小艇，到岛礁附近时，将一艘小艇放到水面上，每一艘小艇配上两三个人，然后就划着小艇出去作业。潭门渔民闯南海，为的是苏眉、石斑、龙虾、海参等珍贵鱼虾贝类，这些只有南海的珊瑚礁盘上才有。黄岩岛的石斑鱼和苏眉鱼很多，还有丰富的贝类。

黄岩岛是中国渔民传统的渔场，潭门镇的渔民祖祖辈辈在此打渔。长期以来，潭门镇的渔民们在此打渔并没有受到多少干扰。忽然有一天，菲律宾突然声称对黄岩岛拥有主权，并开始驱逐、扣押我国渔民，从此，黄岩岛不得安宁了。

现在要到黄岩岛这样的海域捕鱼仅人工和柴油费就要十几

万,如果遭遇非法入侵者的骚扰的话很有可能会倾家荡产、坐牢,甚至连命也不保。

目前,在黄岩岛海域已有包括中国渔政、海监在内的4艘公务船只。而菲律宾方面则有1艘海警船与1艘所谓的环境监测船。在这区域内捕鱼的不仅有中国渔船,也有菲律宾渔船。这种对峙的场面,在黄岩岛经常出现。

潭门渔民们说,在黄岩岛附近捕鱼非常危险,这里的危险不仅仅是菲律宾的军舰,更是散落在礁盘附近数量庞大的未爆炸的炸弹。那么多的炸弹,是从哪来的?

原来,菲律宾为了与中国对抗,经常拉美国的航母来黄岩岛附近进行军演。菲律宾先把一些废弃了的轮船拖到黄岩岛附近"搁浅",目前有4只。最大的排水量估计有1万多吨,小些的有五六千吨的样子,最小的也有2000吨左右。美国人就经常拿这4艘废铁当目标。这4艘轮船已经被炸得没有船型了,远远看去就像黑黝黝的碉堡。

潭门镇的黄鹏师傅回忆说,一次他在黄岩岛附近抓鱼,夜里飞来几架飞机,听着声音在头顶上转了3圈,然后一架飞机放了照明弹,一下子把天照得跟白天一样,另外的飞机就开始对着黄岩岛扔炸弹,爆炸声音大得吓人。

潭门镇船老大陈则波,去黄岩岛的次数最多。他回忆说:那时,我们孤立无助,叫天不应,叫地不灵。我们4条船同时被扣,渔民有60多人,都被菲律宾的船拉到马尼拉,关了将近半年时间。本来早就放出来了。因为我们不肯在一个文件上签字。任凭打骂,都不能签。那个文件上说,我们侵犯了他们的领土。这种原则性的事,我们不会去做,因为签了字,你就承认那里是人家的领土,以后就不能来捕鱼了。

时隔一年,我在黄岩岛附近又遇上了菲律宾人。这一次,我立马掉头,开足马力就跑,不料菲军舰竟然毫不客气地冲了上来，把我的渔船撞沉了。一船人都掉进了海里，菲律宾人用小艇把我们捞起来，还是带到了马尼拉。这一回，中国外交部出面解决，不但解救了我们，还把损失的20多万元要了回来。从那以后到2006年，全镇只有我们家一家出海到黄岩岛，谁也不敢再去那边，都转去南沙了。但是我们家祖祖辈辈都是在黄岩岛打渔的，那里是我们的第二个家，我们要守住那个地方，不然就像农民没了地。

由于菲律宾在1998年给我的赔偿中吃了亏，再不敢撞沉中国的渔船，顶多是没收渔具。2005年后，镇上越来越多的渔民跟随我来到了黄岩岛打渔。再后来，我国的渔政、海监等大型船只来到了黄岩岛护渔，我们的底气就很足了。"

（四）潭门镇的女人们

潭门镇的男人们结伴而行，前往黄岩岛或三沙地区捕鱼去了。短则3个月，长则半年。这一走，镇上、渔民家里几乎都是妇女儿童老人。按理说，男人们出海寻找生活，一年的收入养活全家基本上没问题。女人们只管呆在家里，料理小孩照顾老人就行了。可还是有一些女子，她们在镇上寻些力所能及的活，以补贴家用。

进入潭门镇，你会看到一个特殊的街景，小镇上有100多辆三轮车，几乎全是女司机，她们的丈夫都出海了。虽说出来找点零活，实际上，她们更多的是排遣心中的郁闷。自从男人出海那天起，她们就没个安稳的日子，海上的台风巨浪从来都是出其不意来临。每天收听气象台的天气预报，成了她们必修的一堂课，只要听到哪里有台风生成了，她们的心就悬到了嗓子口。

在潭门朋友的带领下，我们采访了潭门镇上的谢玉兰阿婆。她独自坐在家门口的板凳上，兀自望着大海的方向。浩瀚的大海给了潭门人谋生的地方，也给了潭门人无尽的灾难与不幸。提起往事，谢玉兰眼神黯淡，那种悲伤欲绝的故事，就曾在她的身上发生过。

当谢玉兰孩提时，有一天父亲在离开港口后就再也没有回来。那一年，她12岁。从此，她都会记得，母亲每年都要带她到海边焚香烧纸。

20岁的时候，谢玉兰嫁到了村里的徐家，丈夫和父亲一样，以赶海为生。婚后，夫妻总是聚少离多，一年在一起的时候也就是短短的几个月。谢玉兰说："自从看父亲出海没有回来后，那种隐隐的不安与担心，开始转到了丈夫身上。每次送他出海，都要烧香，保佑丈夫平安归来。"她说，以前，海上和陆地没有任何联系，出去之后音讯全无，直到丈夫的船回到港口那天，悬着的心才可以落下。

日子总是在这种祈祷与担心中过去。一头心系着出海的丈夫，一头要照顾家里的孩子。

忽然有一天，那种极不愿听到消息，还是传来了。丈夫就像当年父亲出海一样，没有任何征兆，从此消失在茫茫的海上，再也没有回来。谢玉兰说："当年抱着孩子送他出海，他连一句嘱托都没留下。"

丈夫走后，谢玉兰就把所有的心血都倾注在孩子的身上。两个儿子相继成家。让她没有想到的是，8年前，一场海难又夺去了大儿子的生命。对于儿子的离去，老人不愿意多讲，只是满是皱纹的手，一次又一次地擦抹着泪水。

在潭门，像谢玉兰这样的女人还有很多。

有一些时候，有的渔民家属实在等不下去了，就在家后的空地上为一年没归来的人设立了衣冠冢。有一段时间，潭门镇的一些村子里遍地都是衣冠冢，死要见尸甚至成为很多

潭门镇的男人们下海捕鱼去了。家里只剩下女人们在留守。她们除了在港口劳作谋生,还得带孩子,做家务。男人们休渔时,女人们则忙着编织、修补渔网。

潭门女人的梦想。

　　潭门镇上并不是所有渔民都有船的。很多年轻人就给有船的船主打工。这种关系并不完全固定。船主要想收获多,一定要找到好船工,好的船工很抢手,除了分红,还需要定金,有时候还需要船主额外负担一些费用。一个船工如果意外死亡,船主要赔偿几十万元。

　　明知道每次出海都会有危险,可是从古至今,没有人能阻挡潭门渔民赶海的决心,可以说是前赴后继。那片海,就是祖辈传下来的宝地,他们称之为祖宗地。他们的骨子里,就天生有一股"闯海"的精神。当然,一定的经济回报,也是他们冒险闯海的动力所在。一个渔民出海一次,差不多会带回来1万元的收益。他们每年出海三到五次。潭门镇共有14个村落,其中6个村落热衷于下海捕鱼,村民的房屋修建得也最为考究。

　　现在,通讯越来越发达,潭门镇的女人们随时可以与海上的丈夫通电话。现在都有了卫星定位导航系统,不像以前的老船民,在夜里都是靠着北斗星找回家的路。过去,凡是去西南沙群岛的琼海船长和准船长,每人手上都有一本渔民创作并传抄于世的《更路簿》,记录着东南亚沿海一带关键航点之间的航向和航线。

【卷四】 文化南海

从蛮荒时代开始，南海渔民就为我们留下了许多动人的神话与传说。不要说在生产力极其落后的古代，就在现在，我们对于大海仍然感到深不可测，其中有许多谜团，至今仍未能揭开。面对大海的滔天巨浪、山呼海啸，先民们以其丰富的想象力，为我们描绘了他们心中的大海。

从海南到三沙，无论是在渔民中间还是在野史笔记中，我们都能听到关于大海的神奇故事。尤其当我们翻开那些野史笔记，我们就会发现，海洋文化与陆地文化有着鲜明的不同，那就是海洋文化明显带有异域风情和斑斓色彩，我们读那些传说，就如同进入一个瑰丽的海底世界。

我们常常谈到信仰。生活在南海的渔民们有着自己的信仰。他们敬畏大海，敬畏一切神灵。每次出海，都要举行隆重的仪式，将丰富的肴馔祭献给海神，祈求一切神灵保佑他们出海平安。他们的虔诚尤其让人动容。

南海，是我们的祖宗海。如果要让这片美丽丰饶的家园不受外敌侵犯，那还得靠我们守卫在南疆的守礁卫士。他们以钢铁般的意志战酷暑，踏惊涛，枕恶浪，守国门。他们是笑傲南疆的英雄。

第十章 踏浪三沙，笑傲南疆

（一）守永暑礁

永暑礁是南沙群岛的一座珊瑚环礁，距中国大陆将近1400千米。永暑礁呈长椭圆形，主礁盘面积约4平方千米，整个礁盘宽约7千米，长22千米，涨潮时礁盘没在0.5至1米水深以下，退潮时也只露出少许礁石。

1987年5月，中国派出海洋调查船赴南沙群岛进行科学考察，并设立代表主权的考察碑。

永暑礁，1988年，完成礁上设施建设。是中国大陆目前控制的南沙群岛中仅有的7座珊瑚礁之一。永暑礁的礁盘较大，周边没有密切靠近的敌占据点，因而环境相对安稳，是发展潜力较大的一个岛礁。

从1988年开始，我国开始了南沙岛礁防御建设。烈日下，海水中到处都能看到守礁士兵的身影。这是夕阳西下的时候，守礁士兵和施工人员依旧在海滩上作业，共同努力建设着祖国的南大门。

礁盘，和岛屿不同，涨潮时没在水下，退潮时部分露出水面。这个鱼儿的天堂、珊瑚的乐土，却并不具备人类生存条件。要想在礁盘上扎根，需要开挖航道，堆筑人造陆地，搭建房屋，施工难度可想而知。

没有住的，守礁部队就搭高脚屋。除了永暑礁，其他5个礁盘每个驻有10来个人，各搭两三座高脚屋，每座高脚屋20多平方米，1座宿舍，1座伙房，1座活动室。睡的与其说是床，不如说是水箱，掀开木板盖就是淡水。

经过极其艰苦、流血流汗的奋战，1988年8月2日，中国在南沙建立的永暑礁海洋观测站——一座用挖出来的珊瑚渣堆筑的人造陆地，浮现在南海海面，开始了履行为联合国提供气象资料的任务。而其他5个礁盘上的官兵，直到1990年才陆续告别高脚屋，搬上了人造陆地。只是，一代代守礁官兵依然保留着这些高脚屋，以此纪念那段难忘的岁月。

永暑礁的名字，就可以让人感受到炎热的滋味。4月时节，大陆上正是春暖花开，而在这里，却像是整天被放在铁板上炙烤一样。每天，守礁的战士们都要顶着30℃以上的高温，在赤道炽热阳光的直射下训练，水泥地上趴下去没一会儿衣服就磨破了，有海水，体内的汗水，带几套迷彩服都不够用，很多战士的衣服都是破了又补,补了又破,缝缝补补一用好几年。

很多"老南沙"的皮肤长年被烘烤,不仅黑,皮肤表层还有一个个凸起的小颗粒,摸上去如砂纸一般粗糙,这都是皮肤被曝晒的结果。这身古铜色,是真正南沙人的标志。一般来说,无论在哪里,只要看到这特有的古铜色,就知道他守过南沙,是真正的南沙人,他们走到哪里,都让人充满敬意。

永暑礁建礁初期,相关设施还不够完善,岛上用水非常紧张,喝的水都不够,更别说洗澡洗衣了。现在礁上有了雨水采集系统,还有海水淡化器,加上每次补给的淡水,基本的生活用水都能保障。但用水控制仍然很严格,每人一天发一桶水,洗澡、洗衣服全靠它。

平时吃饭做菜的原料主要是冷库里储藏的由大陆运过来的胡萝卜、茄子、土豆和肉类,有时也会有菜园里的菜,那是最抢手的。礁上还养了几十头猪和一些鸡,每周都会杀1头猪,杀了猪后第二天早上准会有一顿猪肉包子吃。

平常,守礁战士的任务也不少,首先是要卸货。南沙所

1989年初,守礁官兵住上了30平方米的第二代铁皮高脚屋,这种高脚屋以钢桩做柱,铁皮当墙,海上营房的稳定性大大增强,同时它还可以防风防雨抗浪,可是一旦遇上酷暑季节,铁皮屋不但不隔热还吸收太阳热量,屋内酷热难耐,像火炉一样。

有的物资都要靠大陆运过来,所以平时岛上的战士卸货任务很重。因为大船不易靠岸,有时需要到几千米外的地方的补给舰上卸货。

南沙地区高温、高湿、高盐,装备几天不保养就会锈迹斑斑,需要经常维护。保养装备时,需要先用除锈铲铲掉装备上的油漆,然后用打磨机将装备表面磨得光滑如镜,不留一点锈迹。然后刷上一层红色的防锈漆,干了以后再连着刷两遍蓝漆才算完成保养工作。这样的任务,多半都是在烈日下持续作业,一天下来战士们的手都麻了,吃饭时手抖个不停,菜都摁不住。

永暑礁上有1个小足球场,2个篮球场,它们既是平时战士训练的地方,也是业余时间大家踢足球、打篮球的场所。

俗话说"靠山吃山,靠水吃水",南沙官兵守着大海也有"福利"。永暑礁上有几个钓鱼高手,他们常常牺牲业余时间,操起渔具为全礁官兵去改善生活。在这里钓鱼,鱼竿是奢侈的,其实只需一团渔线和一个鱼钩即可。鱼饵一般是虾或螃蟹,有时也用猪肉和面粉团子。绑好饵料后,就甩开膀子抡几个大圈,奋力把渔钩甩向大海深处。南沙的鱼都很傻,不需两分钟,准能拉上来一条,这也算艰苦守礁生活中的乐趣之一吧。

守礁的战士都知道,在南沙,最奢侈的饮食不是大鱼大肉,而是一盘青菜。没有青菜吃,体内就缺少维生素,身体就会脬肿。永暑礁创业初期,战士们发现,珊瑚礁堆积而成的礁盘坚硬如铁,没有半点土壤,犹如一片"海上戈壁滩"。出于对绿色的渴望,守礁官兵利用换防的机会,把一包包泥土带上礁盘。

从最初用茶杯、弹药箱种花种草,到后来逐渐开辟出一块块绿地;从最初只有太阳花能够成活,到现在马尾松、大

这是守礁士兵在高脚屋上种的菜地,由一代代守礁官兵从全国近30个省市带来家乡土建成的。在建设过程中经历了多次失败,不断摸索经验,终于呈现出了一块块绿色的蔬菜地。

叶榕等20多种植物扎根于此,一茬茬守礁人用自己的双手创造了大海深处的绿色奇迹。

永暑礁上有一棵20多米高的椰子树参天而立。那是20世纪90年代初,南沙守备部队原部队长龚允冲带领官兵在礁上种活的第一棵树,被大家称为"南沙第一椰"。

如今,永暑礁的"四防菜地",是一片远近闻名的海上生态园。推开玻璃门,700多平方米的绿色菜地令人心旷神怡,白菜、辣椒、西红柿等绿的绿油油、红的红艳艳。永暑礁的菜地从最初简陋的四面围墙,到如今集"防台风、防暴雨、防日晒、防腐蚀"于一体的高技术大棚,月产蔬菜最多时近500千克,不仅能满足礁上官兵的需求,还能趁着舰艇巡礁,带给其他礁上的战友尝尝鲜。

永暑礁是南沙的战略要地,我军所驻礁盘与敌占岛礁犬牙交错。有时关系很紧张。我守礁官兵虽远离大陆后方支援不便,但是个个同仇敌忾,视死如归。很多战士去南沙前都留下遗书,随时准备为保卫祖国南疆而献身。战士们平时加强训练,每个

[卷四] 文化南海

179

人都掌握四五种武器，以便战时发挥出最强的战斗力。

有一次，不明国籍的侦察机经常出现在永暑礁上空，最低时离高脚屋仅约50米。

1989年4月14日，我施工部队再次进驻永暑礁不久，某国一艘电子侦察船直向永暑礁驶来，离礁最近时仅约两三千米。望远镜中，该国军人的模样清清楚楚，穿着裤衩，晒得黝黑，有的摄像，有的拍照。事不宜迟，我守礁官兵立即登上值班拖船迎头而上，同时翻译喊话："这是中国领土，你已侵犯我主权，命令你立即离开！"

对方不吭声，不搭理，还径直朝我船冲来。在两船相距只有约二三百米时，我官兵忍无可忍，端起冲锋枪就是一梭子弹，鸣枪警告。对方仍不理。我官兵第二梭子弹扫向其船头水面，枪声刚结束，对方马上回答："我马上离开，请不要开枪！"

待其转向离开时，两船相距仅仅百余米。

海上惊心动魄的一幕，守礁官兵清晰地看在眼里，都为我船上官兵捏了一把汗。如果两船相撞，我船小，必然吃亏。但是，我守礁官兵从未退却。因为守卫南疆是神圣的使命与职责，有祖国人民做强大的后盾，就什么都不怕了。

在南沙，我军与外军驻守的礁盘犬牙交错，有的礁盘相距仅有几海里。通过望远镜，记者可以清楚地看见对方的礁堡、工事和炮口。越南的侦察机，有时也会偷飞临永暑礁上空。"连睡觉时也睁着一只眼睛"，不少守礁官兵这样形容枕戈待旦、箭在弦上的状态。

（二）中国实际控制南沙岛礁实录

众所周知，南沙群岛的环境极端恶劣，台风频繁，基本上没有常住居民，周边各国军力孱弱，无一具备在南沙海域的 24 小时不间断巡航控制能力。目前虽有部分岛礁被各国抢占，但大部分驻军极少，仅具政治象征意义，每逢台风来袭，各国驻岛人员出于安全考虑往往长期撤离。关于中国在南沙实际控制的岛礁数目，出于各种原因，国内官方资料除了大陆公开驻军守卫的 7 个岛礁，一直鲜有信息披露。这 7 个岛礁简介如下。

中国台湾实际控制的岛屿（共 2 个）

【太平岛】

太平岛位于郑和环礁上，正好是在南沙北部西段环礁区的中心部分，加上岛屿面积大，因而成为南沙群岛的中心岛屿。渔民们的活动以此为中心。岛呈长圆形，长 1400 米，宽 460 米，面积 432000 平方米，平均海拔 3.8 米。是南沙群岛中最大的岛屿。

太平岛亦为一碟形洼地，四周沙堤高 5~6 米，沙堤外为沙滩，沙滩外为礁盘，礁盘宽 300~500 米。礁盘四周有堤滩地形发育，即波浪把珊瑚礁块堆起成堤状滩地，使礁盘边缘隆起，生成了"次成泻湖"。沙堤和沙滩交接处有地下水流出，水流在强烈阳光下蒸发迅速，其中的钙质沉积下来，胶结沙子，形成一层层海滩岩。

由于该岛接近赤道地带，全年炎热，最冷的 1、2 月气温也在 22℃以上，最高气温达 34.5℃，出现在 5 月中旬。

这里因为日照强烈，对流旺盛，雨量比西沙群岛多。由于太平岛位于广阔的海洋中，因此湿度大，各月湿度都在 80%

太平岛,俗称黄山马礁,是南沙群岛中最大的岛屿,属热带珊瑚礁岛,1946年,国民党政府派遣海军收复南沙,以旗舰"太平号"命名了该岛。太平岛是南沙群岛中唯一有淡水资源的岛屿(即使中国大陆控制的整个南海诸岛中最大的岛屿——永兴岛,上面也没有淡水资源),有肥沃的土壤,遍地皆是椰树、木瓜和香蕉。太平岛具有其他任何一个南海岛屿都无法比拟的绝对生存优势。

太平岛现由台湾实际控制,岛上有驻军。

以上,云量也多。由于地面缺少水汽凝结的条件,故雾日不多。

太平岛沙堤宽广,沙层含淡水充足,为渔民的淡水供应地。一般地面2米以下有水,部分地下水受鸟粪污染不能饮用。

岛上植被繁茂,以草海桐构成的灌木丛为主,丛林高2~5米。还有高达20米的热带乔木橙花破布木和海岸桐。人工引种的树种有椰子,如1894年我渔民在此种椰树200多株,有不少今天仍活着,此外,还有海棠果、香蕉、木菠萝、木瓜,以及农作物番薯、甘蔗等。

由于林木茂密,岛上海鸟众多,今天鸟群已减少,亟待保护。海龟季节性游来岛上产卵,为该岛重要水产资源。此外,还有少数燕子、鹭、鹰、鹁等鸟及爬虫类蜥蜴。

1946年11月24日,中华民国政府派出"中业号"、"永兴号"、"太平号"、"中建号"等4艘军舰,由指挥官林遵、姚汝钰率领南下,并有内政及陆海空各部代表随往视察,会同海军在广州出发,前往西沙、南沙进驻接收。12月12日,接收南沙群岛的"太平"、"中业"两舰由林遵率领,抵达太平岛。

太平岛没有明显的四季划分,年平均最高气温32.4°C(5月),最低为28°C(1月)。

太平岛的礁盘上,有废弃的栈桥桥墩(24个)。第二次世界大战日军侵占太平岛期间,曾在太平岛上修建了这个栈桥,现已损坏。

为了纪念"太平"舰接收该岛。接收南沙群岛仪式在太平岛隆重举行,即以"太平"为该岛命名。在岛西南方的防波堤末端竖立起"太平岛"石碑,并在岛之东端,另立"南沙群岛太平岛"石碑。

【中洲礁】

中洲礁,又称中洲岛,距太平岛东方3.1海里(约6千米),为面积2000余平方米,东距越南占领之敦谦沙洲约4海里(约7千米),西南距中国大陆实际控制之南薰礁16海里(约30千米)。

中洲礁主要为珊瑚礁碎屑形成,其下为珊瑚礁盘,附近海域海洋生态丰富。海水涨潮时,岛礁露出面积约2000平方米,退潮时,露出面积约6000平方米,南北长约100米,东西最宽约100米。主要为贝壳砂、珊瑚礁和珊瑚碎屑堆积形成,其下为一直径约1.3千米的圆形珊瑚礁盘。

1935年、1947年和1983年,中国政府历次公布的南沙群岛名称中并无"中洲礁"这一岛礁名,此礁应是珊瑚礁长高后新出现的礁体,1983年公布标准名称时露出水面的面积还很小。

2002年、2003年,均有台湾的专家学者至岛上进行绿蠵龟等生态研究。

中国控制珊瑚岛礁（共 8 个）

【永暑礁】

永暑礁距海南岛榆林港 560 海里，地处太平岛至南威岛的中途。

永暑礁呈长椭圆形，由数个暗礁、沙滩组成。整个礁盘宽约 7 千米，长 22 千米，浅湖形态不明显，水深 14.6~40 米，涨潮时礁盘没在 0.5 至 1 米水深以下，退潮时只露出少许礁石。1935 年公布名称为十字火礁或西北调查礁。1947 年和 1983 年公布名称为永暑礁。我国渔民向称其为"土戍"。

上图：这个礁是在 1988 年，中国人民解放军海军舰艇部队进驻南沙期间在这建的一个指挥所，礁上设施相对于其他礁来讲最完善，防御体系也比较严密，礁上设有主权碑。

左图：永暑礁是南沙群岛的行政和军事指挥中心，距离中国大陆约 740 海里，涨潮时礁盘没在 0.5 至 1 米水深以下，退潮时只露出少许礁石，只有建筑高脚屋始终在水面之上。在南沙群岛中，永暑礁经营得较为完善，因为它的礁盘较大，是发展潜力较大的一个岛礁。

三沙人文地理

【华阳礁】

在永暑礁南方 41 海里处，礁盘呈弓形，长约 5.6 千米，浅湖小而且没有口门地形发育。北面礁盘有两块海拔 1.2~1.6 米的礁石出露，潮差为 2 米左右。礁坡较陡。1988 年，我海军开始在华阳礁建立防卫哨。现在已经是第三代永固式"高脚屋"。华阳礁整个建筑包括 1 个永固式高脚屋，1 个补给平台，几个第一代高脚屋。战备储藏包括 82 天的食物，5 吨油料，和 380 吨水。守备部队：守备第二连。

上图：海洋是我们世界最漂亮的一部分，镜头中华阳礁水下绚烂的深海水，可爱的鱼，惊艳的珊瑚，处处都是诱人的艺术，吸引了无数热爱自然的人和摄影师深入海底，只为一睹这世上精彩、漂亮的时刻。

左图：从永暑礁出发，经过半天的航行，即来到了"南海第一哨"——华阳礁。特殊的地理位置要求华阳礁守备队官兵必须具备超强的"敌情"意识。

【赤瓜礁】

赤瓜礁是因附近盛产赤瓜参而得名。整个赤瓜礁为一个呈三角形的巨大礁盘，礁内有次成泻湖发育，已形成一个小环礁地形。次成泻湖已为白沙填充，呈狭长状，东北有缺口于外海相通。礁盘上有褐色火山岩出露出海面1.3米。1988年3月13日，我海军在赤瓜礁建立的防卫哨，历经10年，从第一代"茅棚"，到第二代"钢凉亭"，再到第三代钢筋混凝土结构，有卫星通讯设施，设有灯塔和一运输补给码头，有相当好的防护能力。当第三代高脚屋完成后，守礁战士仍舍不得拆除简陋的第一代高脚屋，因为在寸土如金的南沙，有一个"散步"、"休息"场所是很珍贵的。

上图：在南沙，沉甸甸的冬瓜曾经是一种奢侈品，然而守礁官兵们却在这片海上戈壁创造出一个个绿色奇迹。图中所示是官兵们为了防止冬瓜腐坏，而想出的办法。

左图：20世纪80年代，我人民海军为保卫南沙群岛，在赤瓜礁海域进行了英勇的自卫反击，并取得重大胜利，维护了祖国的尊严和领土完整，自此赤瓜礁又名"英雄礁"。

【东门礁】

东门礁位于九章群礁北部中央，邻近安乐礁和西门礁，为由数个暗礁、沙滩组成的急陡之礁湖，海水低潮时礁盘上有露出水面之礁岩。1988年我海军进驻东门礁目前已经建造了1个第三代永固式高脚屋，包括1个补给平台。几座第一代高脚屋仍然保留。守备部队：守备第四连，目前无一般平民居住，仅时有中国渔船避风。

上图：东门礁海底斜坡上的巨大甘蓝珊瑚，这种巨大的珊瑚往往成片的生长在一起，巨大甘蓝珊瑚能为螃蟹、虾以及其他动物提供栖息之所。过往鱼群以这些无脊椎动物或者强洋流带来的浮游生物为食。

左图：因礁盘中央泻湖东端有一出口而得名。东门礁面积不及足球场大，人称"南海国门第一礁"。

[卷四] 文化南海

三沙人文地理

【南薰礁】

南薰礁在郑和群礁西南端。是一个巨大的礁盘，礁盘上有两处退潮露出礁体。南部小礁石，现取名为小南薰礁，并为我军控制。水深在6米以内。南薰礁上建有第三代永固式高脚屋和1个补给平台。

上图：南薰礁海底深处有一岩洞，据说那里曾经是海盗用来存放财宝的地方，给人一种无限的想象，以前曾有渔民潜入洞里，但都不敢深入洞中，这更给这海底的深洞平添一股神秘感。南薰礁是南中国海上最美丽且又神秘的一座海岛。

左图：多年前，由于南薰礁硬件设施建设相对滞后，自然环境也比其他礁盘更加艰苦，被官兵们称为"南沙中的南沙"。然而，最近几年在各级首长的关心和官兵们的努力下，南薰礁已经发生了翻天覆地的变化。

【渚碧礁】

渚碧礁是一个不规则多角形的环礁，长约 6.5 千米，宽约 3.7 千米。涨潮淹没，退潮露出。礁内泻湖水深 10～22 米，最大水深 24 米，可以停泊任何吨位的船舶。南部有小礁门，只有小船能进入礁湖，一般船只停在环礁外。这是由于环礁礁盘发育完整之故。湖中水色蓝绿。中国于 1988 年在渚碧礁建立了第一代高脚屋，随后于 90 年代后期扩建成第三代建筑物。岛上有码头和直升机停机坪。我军在渚碧礁修建了远程雷达站并部署有一个排的兵力，可监控南海。

上图：桶装海绵，它能够像擦玻璃用的海绵一样吸水，而且具有生命。凹凸的海绵壁将罐外的海水吸入罐内，并将水中的有机物过滤吸收，以不断补充能量。如此奇妙的结构也为其他海洋生物提供了隐蔽、集会的场所，有人将其形象地称为"海洋鱼虾的酒吧"。

左图：渚碧礁的标志建筑：人工水泥垫高之 3 层楼建筑物，临近又建成一座 4 层楼建筑物，顶部安装一圆形雷达。

[卷四] 文化南海

【美济礁】

美济礁是一个椭圆形的珊瑚环礁，顶部全由珊瑚构成，东西约9千米，南北约6千米，总面积约46平方千米。四周礁石在退潮时露出水面约2米，礁盘以外约1千米处，水深可达千米以上。环礁内泻湖面积约36平方千米，水深20～30米。南部和西南部有3个礁门，南门西水道有37米宽，长275米，水深18米以上，大型船只可以在涨潮时通过该口进入泻湖，为一天然避风良港。目前由中华人民共和国南海渔政部门管理，有大量中国渔民常年居住在此进行远洋渔业捕捞和网箱养殖。其战略地位极其重要。

上图：这是南沙群岛美济礁泻湖网箱养殖项目，工人正在检查养殖老虎斑的生长情况。近年来，渔业养殖企业在南沙美济礁热带礁盘泻湖内，开展了生产性网箱养殖项目。经过试验和探索，目前生产性网箱养殖已获得成功。

左图：从1998年下半年到1999年初的几个月里我国工人在海军护卫舰的保护下，在美济礁修建了4座钢筋混凝土结构的3层建筑，使该岛礁成为中华人民共和国的一个永久前哨。

【曾母暗沙】

　　由曾母礁丘、八仙暗沙和立地暗沙组成的一组群礁。中国领土的最南点。根据中国科学院南海海洋研究所实验3号船1985~1986年调查,最浅处水深为17.5米,形如纺锤,面积2.12平方千米。非常适合修建人工岛。曾母暗沙礁丘由礁核和礁翼两部分组成,礁核范围长达1100米。曾母暗沙南方12海里处,有一个面积0.31平方千米、最浅点为23.5米的八仙暗沙,西南14海里处是立地暗沙(中国领土实际上的最南端)。

　　立地暗沙水深最浅处34.7米。战略地位极端重要,目前由中国实际控制,并投放有主权碑。因为是暗沙,无法驻军,我国舰艇每2个月巡访1次。

上图:曾母暗沙水下,各种形态的珊瑚附着在海底的一块岩礁上,色彩斑斓的珊瑚映衬着深蓝色的海底,呈现出一幅如梦如幻的景致。

左图:近年来,我国"实验三号"考察船对南沙群岛海域进行测量,证实曾母暗沙是一个淹没在水下的大珊瑚礁。它呈锥形山状,四周是沙,中间是珊瑚礁,礁区东北部陡峭,向西南缓倾。

(三)背景知识

岛:是露出海面、地势较高、四面环水的陆地。岛的形成时间较长、陆地形状不易受台风吹袭而变形、面积相对较大、一般有植物生长。我国西南中沙群岛的岛屿属于海洋岛,有珊瑚岛(沙岛、岩岛)、火山岛之分。我国渔民中称之为"峙"、"峙仔"。

沙洲:是已经露出海面的陆地,一般不被海潮淹没,只是台风和大潮时才被淹没。沙洲的外形不稳定,面积较小,由于受潮水冲刷,植物很少生长。我国渔民一般把两者都称为"峙"、"峙仔"或"沙帽",亦称沙洲为"沙仔"。

暗滩:也称滩,是隐伏在水面以下较深处的珊瑚礁滩地。暗滩由海底突起,滩面呈广阔平坦的台状,偶有礁墩向上隆起,甚至上升到海面附近。我国渔民称之为"廓"。

暗礁:也称礁,是接近海面的珊瑚礁体。涨潮时多数被淹没,退潮时多数可露出水面。有巨大礁盘的暗礁,经过地壳上升的作用,或者经过海浪的冲积,是形成沙洲的良好地点。我国渔民称之为"线"、"沙"、"铲"等等。

暗沙:是淹没在水下的较浅的珊瑚沙层或珊瑚礁滩、海

沙洲是已经露出海面的陆地,只有在台风和大潮时才会被淹没。图中就是一处面积较小的沙洲,在四周蔚蓝海面的映衬下甚是美丽动人。

水最低潮时也露出水面、也可以说它是水下的珊瑚沙洲。我国最南的领土曾母暗沙就是这一类的沙洲。我国渔民把暗沙称为"线排"、"沙排"。

南沙群岛的岛、洲、礁、沙、滩的分布,是与这一带海区海底地形特征密切相关的。在南沙群岛海域有两条海底峡谷,一条位于南华礁北侧,近东西向(南华水道);一条在西月岛东侧,呈南北走向。这两条海底峡谷大致呈丁字相交,明显地把海底高地分成3部分,即西北、东北和南部。因而南沙群岛也相应地分成为3个部分。南沙群岛的西北部,大致在北纬9°以北,东经115°15′以西,是南沙群岛中群岛最集中、岛屿和沙洲最多的部分。岛屿和沙洲大多同时出现在同一群礁中。南沙群岛的东北部,大致在北纬8°30′以北,东经113°15′以东一带,岛屿和暗礁、暗沙分布较少。而南沙群岛的南部,即西北部和东北部以南,岛、洲、礁、沙、滩数量虽然较多,但分布较散,绝大多数仍潜伏水下。

暗沙,是水下的珊瑚沙洲,绝大多数都潜伏在水下,在海水最低潮时也露出水面。典型的例子就是我国最南的领土曾母暗沙。

第十一章　三沙异闻（神话与传说）

（一）南海志异

古籍中关于人鱼的记载：褚人获引《褚记室》说，南海时，有海人出，其如僧人，颇小，登舟而坐，戒舟人寂然不动，少倾复沉于水……

图中是一条喜食蚂蚁的鲮鱼。它有自己独特的方法寻找蚂蚁。据有关考证，证明这是穿山甲的一种。

【海人】

关于海底生活着高级智慧生物的传闻，由来已久。清代褚人获在《坚瓠集》卷三中，写了《海人》专条，旁征博引，证明有海人的存在。

褚人获引《褚记室》说，南海时，有海人出，其如僧人，颇小，登舟而坐，戒舟人寂然不动，少倾复沉于水……又引《代醉编》说，海人须眉皆具，但手指相连，略如鸭蹼。有人捉到之后，献于国王。此海人不言不笑，国王觉得没什么意思。就让人放回海里。海人转身，看着岸上的人，合掌低头，如叩谢状，继又鼓掌大笑，放步踏波而去。

元代，有个人在南海航行，忽然看见有个小儿一样的海人从水中跃出，坐于船头，船家很害怕，不敢掠扰，很久，那个小海人才入水而去。

【鲮鱼】

鲮鱼喜食蚂蚁。它寻找蚂蚁的方法很特别，先吐出舌头放在地上，不一会,蚂蚁爬到舌头上,等聚了很多蚂蚁之后,一下子吞吃。此外还有一个办法。鲮鱼还能张开鳞甲,让蚂蚁爬进去,等爬了很多蚂蚁之后,迅速合上鳞甲,然后就用舌头舐着吃。

【子归母】

杨孚的《交州异物志》记载:"鲛这种鱼,它的幼鱼长成以后,一旦受到惊吓,便会立即回到母亲身边,回到母亲的腹中去。小时如此,大时就

对于"子归母"的说法,天竺鲷倒是一个相似的例子,只不过对于天竺鲷通常是雄鱼将卵衔在口中,直到卵孵化为止。

不这样了。"《潘州记》上说:"鱼昔长二丈,大有好几围。刚刚生下幼鱼,鱼很小,跟着母亲找食吃,突然受惊就回到母亲的肚子里。"《吴录》记载:"鲛鱼的幼鱼,早晨出去找食吃,晚上回到母亲的肚子里。"《南越志》上的说法是:"鲛鱼的幼鱼,晚上从母亲的肚脐进去,早晨从母亲的口中出来。"

(二)涨海图

在汉武帝时代,割据岭南地区的南越国,对汉朝还是保持相对独立,只是臣服关系,每年派遣使臣朝贡而已,还不是西汉王朝直接统治的地区。西汉王朝早就想恢复统治。汉武帝为了击灭南越国,专门修挖了昆明池做军事演习的场地。史记中记载:"是时越欲与汉用船战逐,乃大修昆明池,列观环之。治楼船高十余丈,旗帜加其上,甚壮。"

汉武帝元鼎五年(公元前112年)秋,南越国丞相吕嘉杀死南越王及汉使,实行叛乱,汉武帝立即派10万楼船部队进行讨伐。

南越国军队为了对付大军压境,也在竭尽全力去建立一支精锐的水师进行对抗。最后,在中原汉王朝强大的攻势之下,汉王朝逐渐恢复了对岭南的统治。但雄才大略的汉武帝并不甘心,他对岭南之南的那一大片海域产生了兴趣。他想弄清楚那片海域有多大,海里面还有哪些岛屿,具体方位在哪。这么多的疑问对汉武帝而言,充满了神秘和诱惑。汉武帝作出了一个惊人的决定:组成大型船队,由水师总兵的儿子黄贵统率,作为钦差大臣,前往那片海域,做一次彻底的摸底调查,并最终完成一张全景的南海地域图。

这个传奇故事,就发生在那一次的南海勘探途中。汉代的造船技术是相当先进的。船是大型楼船,也称宫船,船上已装有帆、橹、楫、舵等,十分庞大,而且坚固,有足够的贮藏与补给能力。

黄贵进入南海之后,如同进入了一个迷宫。经过长期勘测,终于摸清了南海诸岛的地理位置,并根据海水潮涨潮落的习性,命名南海海域为"涨海"。最后,黄贵用最高级的一张长绢,绘制了一幅关于南海诸岛位置的地图,这就是著名的涨海图,将南沙的岛、礁、沙、滩一一标明在版图上,尤其划明了南沙与异国的疆界。

图为1973年12月出土于长沙马王堆三号汉墓中的《地形图》。位于图幅左上方的深色半月形为南海珠江口。

涨海图是中国历史上最早的南海地图,弥足珍贵,黄贵视之如生命,放在竹筒里,一刻也不离身。

但是,就在黄贵完成任务

即将返航的时候，大海突然掀起狂涛巨浪，黄贵的宫船尽管庞大无比，但在飓风的海面上，仍然如同一片树叶，在海面上上下打转、沉浮。黄贵入海以来，从没看过这么疯狂的惊涛骇浪，似乎有一股神秘的力量，不把宫船掀翻誓不罢休。

终于，在海上风暴的肆虐与淫威之下，庞大的宫船覆没海中。黄贵抱着装有涨海图的竹筒，一同落入海里。

当黄贵醒来时，却发现自己到了另一个世界。他的面前，站着一个美丽的女子。她望着黄贵说："你醒来了。你别怕，这里是南海龙宫，我是龙女。你落水身亡，我用还魂丹救了你。"

黄贵从床上起来，深深一拜："多谢公主相救！请问我的涨海图还在吗？"

龙女说："你先别急，在这里把身体恢复再说。"

黄贵说："我乃是大汉朝钦差大臣，前来这片海域勘测岛礁，绘制疆域……"

龙女说："这些，我们都知道。实话告诉你，沉船的飓风，就是我父亲南海龙王掀起来的。他不可能让你们回去。自古以来，这片海域，属于南海龙王，你们来勘测，侵犯了我们的领地，不把你们掀翻才怪呢。"

黄贵说："公主，恳请龙王出来，我有话要说！"正说着，南海龙王敖明走进来说："好啊，我也正要找你！"

黄贵说："我乃汉武帝钦差大臣，前来测海绘图。你何故置我等生命于不顾，掀翻宫船？"

龙王说："这片水域，乃是玉皇大帝委派我来管辖，岂容你们前来骚扰！"

黄贵说："自古华夏一条根。我们是炎黄子孙，都是龙的传人。这片地盘，本来就是一家人的。"

龙王长叹一口气说："话是这么说，但我有管辖之重职。

如果把这里的秘密泄露出去,这片海域就会不得安宁,因为你知道,我们这里的宝贝实在太多。"

黄贵想了一下,觉得自己的任务就是把测海图拿回去。不如好言好语,与龙王周旋一下。黄贵说:"龙王爷,你的意思我明白了。我现在的身份,是大汉朝的钦差大臣,我可以代表汉朝与你签一个和平协议。以后我们同属华夏,但互不相扰,你看如何?"

龙王一听,觉得这是个办法,心想,以后就安宁了。于是黄贵代表大汉政权与南海龙王签订了和平协议。然后要龙女把《涨海图》拿出来,交给黄贵说:"之所以让你活着,就是要你回去报个信,涨海这片水域,虽然都是华夏的版图,但没事请别过来,我们这里需要清洁与安宁。"说完,龙女拿出水晶鞋,让黄贵穿上。此鞋有劈水功能,可以很快抵达岸边。

黄贵回到大汉朝,立即将《涨海图》呈给汉武帝。汉武帝捧着长长的《涨海图》,爱不释手。当即赏赐黄贵珠宝若干。后来,黄贵又将与南海龙王签订的和平协议,呈给汉武帝看。汉武帝只看了一下,哈哈大笑说:"岂有此理,朕的天下,岂能与他人分享!什么南海龙王,这分明是想与朕分庭抗礼!"说着,将写有和平协议的那一卷绫绢,投入了火炉。

这样一来,就麻烦了。大汉朝不但让渔民出海打渔,还开通了海上丝路与瓷器的航线。再后来,还有无休止的战争。龙王大怒,觉得大汉朝背信弃义,违背了和平协议。于是,龙王开始惩罚。他常常掀起风暴,把那些船只吹得七零八落。

至于后来,下海滥捕滥杀、破坏海洋生态的种种行径时有发生,龙王更是怒不可遏。特别是生态污染,已经危及水族世界的生命。龙王知道,不抗争,水族世界就将消失。

所以,当我们看到海里经常出现飓风、台风、惊涛狂浪时,我们就知道,老龙王发怒了。

（三）鲛人泪

中国南方沿海地区，一直流传着关于鲛人的传说。

鲛人究竟是哪里人呢？是人还是人鱼？海南黎族民间的传说是，鲛人在南海的水下居住，他们是南海里的居民，南朝梁任昉《述异记》记载："鲛人，即泉先也，又名泉客……南海有龙绡宫，泉先织纱之处，绡有白之如霜者。"《述异记》又载："南海出鲛绡纱，泉室潜织，一名龙纱，其价百金，以为服，入水不濡。"鲛人除了会织雪白的绞绡之外，还出产珍珠。从出产珍珠和方位上判断，今菲律宾南部的苏禄群岛人最为接近。

历史上，有学者记载鲛人的肤色是黑色的。现在来看，棕色人种的可能性更大。海南一带流传着一则关于鲛人的故事。现记录如下。

海南有个书生，喜欢出海，到很远的地方游玩，外出一次，

海南岛周边海域海水温度适宜、毫无污染、海洋生物丰富，为珍珠贝的生长提供了良好的条件，盛产各种珍珠贝。

[卷四] 文化南海

要3年左右的时间。有一次远航归来，看见沙岸上有个女人僵卧在那里。此人从没见过，长发碧眼，最奇怪的是，她的脚与常人不同，趾间连在一起，像鸭蹼。书生大惊，问她从何而来。

那个女人说："我是海底的鲛人，在南海龙王宫里做裁缝，因为弄坏了公主的宝贵衣料，龙王就将我放逐到水面，也就是这个荒滩上，我受到风吹日晒，忍饥挨饿，快要支撑不住了。相公如肯收下我，赏口饭吃，我一定给您当奴仆，时刻听您差遣。"

书生一个人行走，正缺一名仆役，对鲛人说："既然如此，你就跟着我吧。"

就这样，书生将鲛人带回家。周围邻居都听说南海中有鲛人，只是没亲眼看见过。现在，书生从南海带回一个鲛人，个个都来看稀奇。那个鲛人毕竟与海边渔民不一样，一直生活在深海之中，对于岸上的一切活计都很陌生，什么都不会做。但她喜欢水，吃过饭后，就立即躲到屋前的池塘里沐浴，不言不笑。书生见其孤苦无依，顿生怜悯之心，平常也不会驱遣她做什么，因为她什么都不会。

有一次，当地举行庙会，书生就去看热闹。蓦然，书生看见一个老妇带着一个妙龄女子，款款而来。那小女子细柳低腰，满目春光，肤色白净，远远看去，像一个仙女轻云吐月。

书生从未见到如此美丽的女子。一时间魂不守舍，悄悄地跟在她俩后面。几经周折，转入一个弄堂，就不见了。

书生就立即在巷子里打听左邻右舍，原来，那个老妇人称陶夫人，女儿叫万珠。母女俩是外地人。万珠幼年失父，地方上的恶棍常来欺负她们母女。3年前，母女为躲避恶棍，迁来此地。

书生觉得这母女俩无依无靠，怪可怜的，当即决定，登门求亲。

陶夫人看见书生，虽说是南方人，皮肤略黑，但他一表人才，面目和善，可以将女儿托付。只是心中暗想，不能让他轻易得到我的女儿，不然，我这闺女也太容易得到了。

书生说："伯母，您放心，我会以最隆重的仪式来迎娶您的女儿，我的聘礼可以让您老一世无忧。"

陶夫人说："我就这一个女儿，很多人拿着金银财宝来提亲，我都未动心。"

书生问："您老想要什么，不妨说来听听，我家中略有薄产，您女儿嫁到我家，吃穿不用发愁。"

陶夫人说："小女名叫万珠，必得万颗明珠，方能应命，否则，我不会答应的。"

书生失望而回。心想，万颗明珠，我就是倾家荡产，也难做到啊。

书生见娶万珠无望，心中悲伤。想到万珠风情万种的美丽，心里越发的不能自己，日日恍惚，夜夜思念。恍恍惚惚，失魂落魄。如此，过了半个月，一病不起。家人请来医生诊治，说是相思病，无药可医。

渐渐，书生骨瘦如柴，恹恹待毙。

那个整日躲在水塘里的鲛人，有一天进入书生的房间，问为什么病成这样。书生告诉她："你有所不知，我喜欢上一个女子，却没能力娶她，我只恨自己无能，想一死了之。只是，你一个海底人，在我这里都快半年了，只要有我在，我就会照顾你。但是，如果有一天我先你而去，你可怎么办呢？"

鲛人听了书生的话，一时间泪如雨下，感动得哭了。

书生眼前一闪，看见鲛人的眼泪如珍珠般闪亮，滚落一地，又惊又喜，不敢相信自己的眼睛，就从地上捡几颗，仔细看，晶莹剔透，每颗都是珍珠中的上品——如意珠。

书生一跃而起说："我的病好了！"

海南岛是世界上珍珠贝资源最丰富的区域之一。自古以来就有"东珠不如西珠，西珠不如南珠"的说法，海南的极品珍珠多出自三亚、陵水一带。那圆溜溜的珍珠晶莹透亮，珠光宝气，流光溢彩，惹人喜爱。

鲛人很惊讶，问他是怎么回事。书生说："我看上了一个女子，她的母亲向我要一万颗珍珠，这不是为难我么？这才郁闷，卧床不起。现在好了，地上这么多珍珠，我娶万珠又有希望了。"

鲛人听了，虽然有一丝丝的忧伤，却还是强装高兴。书生把地上的如意珠全部捡拾起来，才发现根本不够，还差很多。

鲛人见状，神色凝重，对书生说："相公待我恩重如山，现遇有难处，我岂能袖手旁观。请放心，我一定能让相公心想事成，以报答您的大恩。"

书生并没有看到鲛人的脸色苍白。他想，鲛人只要哭一下，就能哭出许多珍珠，这也太简单了。因为觉得简单，也就没想太多，只是欢天喜地筹划着与万珠姑娘的婚事。

第二天一大早，当书生打开房门，意外地看见门前装了满满一大盆晶莹的珍珠。知道是鲛人一夜之间哭出来的。他来到鲛人的水塘边，想对鲛人表示感谢，可是，找了半天，怎么也找不到。又到屋子的周围去找，哪里有半点影子。

书生心想，她会不会回到海里去呢？如果回到海里，至少也要和我打个招呼啊。于是，书生飞快地向海边奔去。

在一处洁白的海滩上,书生远远看到一个身影,正是鲛人。他高声喊:"你回来!"

鲛人站在那里,也没转过身来,一动不动。

书生急切地来到近前,有些埋怨地说:"你要走,为什么不和我说一声呢?你给了我那么多的珍珠,我要好好感谢你!"

鲛人没有说话。书生看她时,鲛人的眼睛发呆,没有光泽,一片模糊。

书生大惊,问:"鲛人,你的眼睛怎么了?"

良久,鲛人才缓缓说:"我不是什么南海龙宫里的人,只是海底鲛国人。几年前,你乘船去南海,立在船首,被我看到,我一下子被你迷住了。从那以后,我就在看见你的那个海岛上,默默等你回来,不惜委身做奴,不奢望和你白头偕老,每日能看到你,在你的身边,我就心满意足了。后来,你说喜欢万珠姑娘,我心里很失落。看你那么想娶万珠姑娘,我才知道,我是多余的了。于是,昨天夜里,我伤心地哭了一夜,由于哭得太久,眼睛再也看不见了。"

书生怎么也没想到,鲛人是一片痴情。他恨自己,怎么就一直没注意到呢。为了一万颗珍珠,她伤害了自己的眼睛,这样有情有义的女人,自己却麻木不仁,视而不见。他悔恨地说:"你别走,是我的眼睛瞎了。没注意到你竟是个义薄云天的女人。你跟我回去吧,我一定好好照顾你!"

鲛人露出微笑,说:"你把我当成女人,我真高兴。抱我一下。"书生和她紧紧拥抱。

末了,鲛人感到海边的潮水到了脚下,对书生说:"下次出海,我还在那里等你!"说完,纵身一跃,跳入大海,瞬间没了踪影。

书生遥望大海,想到可贵的情谊,想到深海中有情有义的鲛人,一时间泪如雨下,久久不愿离去。

椰子树,海南渔民称之为越王头。全世界都有分布,原产于马来群岛,海南种植已有2000年的历史。历代渔民在远洋捕捞的过程中,从海南把椰子带到了南海诸岛。其中最多的地方,在三沙市的永兴岛。

(四)越王头

海南标志性的植物是椰树。你要是见过椰子果,可见最外层有许多棕色的纤维,剥掉那层厚厚的纤维,你会看到硬壳上有几个小孔,看起来像人的脸,非常生动形象。当地的民间传说是,椰树果是"越王头"的化身。这个传说,记载在晋代学者嵇含所著的《南方草木状》中。

远古时期,中原对岭南地区进行了一次大规模的战争,最后统一了岭南。当时的最高头领,被中原皇帝封为南越王。但是,远在天涯海角的海南岛一带,是由部落首领林邑王统治的。南越王统治岭南之后,还要向南扩张领土,于是渡海,与海南岛上的林邑王作战。

也许,中原来的南越王太高估自己的实力了,他没想到,整个海南是一片热带丛林,且不说恐怖的瘴烟瘴雨,毒虫遍地,就是那样的炎热天气,除了本地的土著,几乎没有人能忍受得了。所以,南越王攻打林邑王,在地理环境方面,就吃了大亏,再加上士兵水土不服,数次大败。

但是,南越王并不甘心,心想,小小海岛,弹丸之地,不拿下来,誓不北还!

南越王没有想到,这里是林邑王的地盘。数次开战,让海岛的百姓不得安宁,林邑王决定,采取非常措施,结束这场战争。从人数方面、武器装配方面,林邑王知道,很难取胜。只能智取。于是,派出一个黎族小伙,名叫阿牛,潜入南越王的大营中。伺机而行。

黎族是个古老的民族,长期生活在热带的丛林中,学会了许多巫蛊毒术。阿牛会一种蛊术,在南越王的军营附近,有一条山溪,阿牛就将一种药蛊放在上游的水中。南越王的军营只要用山溪水,即可全营中蛊。

蛊术是南越王做梦也没想到的。阿牛施蛊成功。军营中的人如喝醉了酒,一个个东倒西歪。阿牛轻松取下南越王的头,献给林邑王。林邑王大喜,重奖阿牛。并将南越王的首级悬挂在椰树上。

数日之后,南越王的头与椰树接通茎脉,毛发皮骨渐渐隐去,甘甜的

椰树上的椰子果老了之后,风一吹就掉地上,种子里边有水,有果肉,遇到了适合的温度它就会先扎根后发芽,然后慢慢长成数米高的椰树。

椰汁渐渐充盈其中。

有人将南越王头出现的异象报告给林邑王。林邑王闻言，大怒道："这是越王不死心，让我给他一点颜色！"林邑王命人将化成椰果的首级摘下来，用刀砍开，并将里面的椰汁撒向空中，随风飘散。林邑王心想，这下看你还死不死心。

然而，令人不可思议的是，一夜之间，所有的椰树都长着越王头，而且不止一颗，越长越多。

林邑王长叹一声，说道："越王不死，难道海岛归顺，真是不可改变的命运吗？"

后来呢，越王头化着无数的椰子果。里面的椰子汁，香醇如美酒。后来北方士兵来到海南岛，只要喝了椰子汁，水土不服的问题就解决了，也不生病。如今，我们剥开椰子外边的椰棕，会看到椰壳上有3个黝黑的洞眼，那便是越王怒目而视的眼睛和嘴。

椰子树长到6岁就可以开花结果了，与一般的果树不同的是，椰子树是长年可以开花，一年四季都可以结果，盛产期在20年以上，寿命长达80年。

（五）叶限：中国的灰姑娘

中国恐怖小说鼻祖、唐代小说家段成式有一部著名的笔记小说《酉阳杂俎》，其中写过一篇"灰姑娘"的故事。当代有学者考证，外国童话《灰姑娘》的故事，皆源于中国唐代的这部笔记小说。《酉阳杂俎》于公元9世纪成书，也就是说，唐代段成式写的叶限姑娘的故事，比夏尔·佩罗于1697年所写的《灰姑娘》、比格林兄弟于1812年出版《格林童话》里的《灰姑娘》，早了差不多1000年。我们来看看中国小说家笔下的《灰姑娘》，是何等的精彩漂亮。

（1）吴氏峒寨

在遥远的秦汉以前，中国岭南地区一片荒蛮，生活着各种部落的人们，我们称之为百越。南方人称部落为"峒"，部落首领称为峒主。在当时的南中国海边上，就生活着这样一个小部落，峒主姓吴，部落里的山民都称他为吴峒主。

吴峒主先后娶了两个漂亮的老婆，其中大老婆因热病离世。生前曾对吴峒主说："我走之后，实在放心不下我们的女儿叶限。无论你是否再续娶后妻，你总要把我们的女儿安顿好，照顾好。"

吴峒主满口答应说："你放心去吧，我是一寨之主，以我的力量，还照顾不了自己的女儿吗？"

失去母亲的叶限，从此和父亲在一起生活。她年龄虽小，却很聪明、懂事。最奇怪的是，她还会在海边找到金子。吴峒主见女儿聪慧伶俐，越看越喜欢，疼爱有加。

而这一切，被后母、也就是吴峒主的二老婆看在眼里，对老公宠爱叶限，她的心里充满强烈的妒恨。鉴于峒主的威严，她不敢说什么，但只要有机会，她就把妒恨发泄到叶限身上。

叶限还小，不明白后母为什么如此恨她，有时掐她、打她，还不准她告诉父亲。幼小的叶限常常一个人躲在角落里默默流泪。

有一天，吴峒主看到女儿手臂上青一块紫一块，就追问是怎么回事。这时，叶限才把后母常常欺负她的事禀告父亲。吴峒主把二老婆叫过来，狠狠地训斥一番，说："叶限是我的女儿，你和她过不去，就是和我过不去。如果你以后再敢动她一根毫毛，我让老天爷劈死你！不信你试试！"

然而，在一次过节的时候，叶限的父亲也就是吴峒主因病离世。疼爱她的父亲去了，从此，叶限便成了孤女。

一个弱小的孤女，生活在充满妒恨的后母身边，其悲惨情状可想而知。那个二老婆成了一家之主，她把以前对老公的怨恨以及对叶限的不满，统统发泄出来。她在出一口恶气，要惩罚大老婆的这个女儿。可想而知，叶限受到了后母的百般虐待，陷入了暗无天日的深渊。

首先，后母命令叶限去山上砍柴。如此重的体力活，不要说是一个弱女子，就是大人上山下山，也够艰难的。此外，还要到远处的一口深井边担水。由于一次担很少水，往返之间，要几十次。繁重的体力活让叶限变得又黑又瘦，整人个看起来憔悴不堪，村里的人都叫她灰姑娘。

（2）神鱼传奇

有一天，灰姑娘叶限去潭中汲水，意外地捞到了一条小鱼，只有两寸大小。最奇怪的是，此鱼周身金黄色，很醒目。叶限就把这条金黄色的鱼带回家养起来。叶限一有空就来看鱼，受了后母的打骂与委屈，无处去说，就说给金鱼听。

那金鱼也很讨人喜欢，只要叶限来到身边，它就摇头摆尾，欢喜得不得了。叶限更是对金鱼爱护有加，小心翼翼地喂它食物。那金鱼一天天长大，叶限都换了好几个盆了，还是不停地长。最后，家里实在没有大盆，叶限就把金鱼放到屋后面的一个水池里。叶限只要有好吃的，一定先来水塘边喂鱼。

那金鱼习惯了叶限的护养，每次看到叶限，它都会从水中把头探出水面。叶限用手抚摸它，它也不避，任由她抚摸。

后来，不知为什么，后母知道了叶限养了一条大鱼。她不怀好意，想知道那鱼到底有多大。就来到屋后的水塘边，果然看见了一条大鱼。后母用食物来引诱它，它不吃。后母想摸它，它就藏在深水中。后母感到很愤怒，心想，连鱼也来欺负我吗？一气之下，忽然想出了一个毒计。

次日。后母一反常态，忽然对叶限问寒问暖热乎起来。她对叶限说："姑娘啊，这些日子你砍柴担水，很辛苦。瞧你身上的衣服，又脏又破，你也是大姑娘家了，怎能穿这么破旧的衣服呢，这样吧，我带你到镇上去买一套新衣服吧。"

叶限当然不明白后母的坏主意。听说去买新衣服，也很高兴，就随后母到镇上置了一身新衣。

后母呢，把叶限换下来的旧衣服藏在身边。她有别的用途。

第二天，后母打发叶限到很远的山上砍柴。往返一趟差不多要一天的时间。

叶限不知是计，穿着新衣服上山砍柴。那个险恶的后母见叶限走远，就换上了叶限的旧衣服，并在袖子里藏了一把尖刀，她想，要是能把那条大鱼捉住，可以抵得上数十套新衣服的钱，这买卖可赚大了。

于是，后母在水边，学着叶限的样子，呼唤水中的大金鱼。那金鱼不知是诡计，隐约看见像是叶限的身影，就浮出水面。没想到的是，一记刺眼的寒光闪过，后母举刀猛刺，顿时，鲜血染红了水塘，大鱼顷刻毙命。

后母着人把大鱼捞起来,不看不知道,一看吓一跳,那条大鱼已经长到一丈多长。后母就割下大鱼的肉,到厨房红烧了吃,其味鲜美异常。她吃完鱼肉,就把鱼头和鱼骨头一起埋在房屋旁边的梧桐树下,为了掩人耳目,还用粪土遮掩在上面。没吃完的鱼肉拿到街上去卖了。

叶限一直到很晚才回来。并未意识到,大鱼已经不在。可不知为什么,这一夜她没睡着,心中有什么堵着,很难受。次日清晨,她来到水塘边,千呼万唤,怎么也不见心爱的大鱼浮上水面。她在水塘边,放声大哭起来,从早上一直哭到中午,还是不见大鱼的影子。鱼儿哪里去了呢?叶限到处寻找大鱼的下落,仍然找不到。于是,她在旷野上放声大哭。

忽然,她看见有个身穿粗布衣服的长者,出现在眼前,他什么时候来的,不知道,仿佛从天而降。他安慰叶限说:"小姑娘,你别哭!大鱼找不到了。是你的继母杀了你的大鱼。鱼骨头埋在屋边上的梧桐树下。你回去之后,可以把鱼骨挖出来,藏到你的卧室中。它是神物,会保护你的。你想要得到什么,就向鱼头许愿,它会满足你的。"

说罢,长者一阵风似的,飘然而去,瞬间不见了。

叶限半信半疑,将长者的一番话记在心里,拭干眼泪,回到家中。半夜,她借助月光,到梧桐树下,果然挖出鱼骨。就很小心地把鱼骨抱回家,藏在自己的床头。她想起白天那个长者说的话,就想试一下。于是,她对鱼骨说:"大鱼,后娘总不让我吃饱。我很饿。如果你真的能显灵,就让我吃碗大米饭。"

说也奇怪,当叶限抬头看时,果然就有一碗大米饭放在旁边的桌子上,就像早就放在那里一样。叶限很高兴,说:"我的鞋早就破了,没法穿,我想要双新鞋。"说完,叶限低头看时,果然有一双新鞋，似早就摆在她的脚边。

从此，叶限想要什么，只要对鱼骨一说，就能得到什么。金银、珠玉、衣服、美食，随叫随到。

（3）峒家盛会

峒寨人家一年一度的盛大节日到了。后母与她自己的女儿打扮得花枝招展，母女俩都出去看热闹，临走前，却把叶限关在家里，让她看管家里的果树，不准离开半步。

叶限长久没有到镇上看过热闹。那么大的节日盛会，她多么想去参加啊。于是，她对鱼骨说："这个节日一年只举办一次，错过了，就要等到来年才能看到。让我穿上好看的服装，我也要到街上去参加盛会。"

一眨眼间，一件翠绿的丝绸裙子和一双金子做的花鞋，很快就出现在她的面前。于是，叶限很快换上漂亮的新衣服，穿上金鞋，对鱼骨说，请把门打开。叶限飞快地离开了家，向热闹的镇上奔去了。

镇上人涌如潮。叶限好不容易离开了那个禁锢她的家，像小鸟一样，在街道上飞来飞去，好不开心。

然而，叶限的快乐奔跑，被一个女孩看在眼里。这个女孩，就是后母的女儿，也是自己的妹妹。这个小妹妹就把看到的情况告诉了母亲："妈，我刚才看到一个人，很像叶姐姐。"

由于叶限穿得很醒目，后母也似乎看见了，对女儿说："嗯，我也觉得有点像。但不确定。"

叶限也看到了异母的妹妹，觉得不能玩得太久，就急忙躲进人群之中，闲逛了一阵之后，匆匆忙忙往家里跑。慌乱之中，一只金鞋被踩脱了，她想找，可人太多，怎么也找不到。她就光着一只脚回到家中。脱下衣服和鞋子藏好。

后母和女儿回来之后，看见叶限仍穿着旧衣服倚在果树下睡觉，也就打消了疑虑。

（4）翠衣金鞋

叶限生活的那个峒寨，和一个海岛相邻。那是南海中的一个小岛，岛上有个小国，名陀汗国，国虽小，在周围几百里的范围内，算是很强大的。辖岛屿数十个，统治海洋疆界达几千里。

峒寨有人捡到了那只金鞋，闪闪发光，觉得此物非同寻常，定是一件稀世宝贝，如果卖给陀汗国王，一定能赚很多钱。于是，他带着金鞋来到陀汗国，国王果然用重金买下。国王先让宫女们穿，可没有一个人能穿得下。有几个脚特别小的宫女，相信自己一定能穿得。结果，金鞋还是比他们的脚要小一些。国王很吃惊，下令全国的女性都来试穿，如能穿得，就把金鞋送给她。

结果呢，全国居然没有一个人能穿得了那只金鞋。

国王仔细端详金鞋，发现它很轻，像羽毛，踩在石头上没有一点声音。其制作工艺美轮美奂，十分复杂，如此精美的金鞋，小小的峒寨根本就无法制作。其来历十分可疑。于是，把卖鞋的那个峒寨人捉来，一番拷问。那人只说在峒寨节日上拾到的，真不知是何人所弃。陀汗国王问了很久，也问不出什么名堂。国王手下有位大臣，对国王说："此金鞋来路不明，能大能小，恐怕不是好事，定是妖孽作怪。如今之计，将此金鞋丢弃于峒寨的村边，张榜告示。"国王准之。

于是，国王派人把金鞋丢在马路边，旁边贴有告示："此鞋系妖孽，另一只藏于峒寨中，如有知其下落者，可速告官府，将妖孽捉拿归案。"

叶限的后母看到告示后，心想，那天在峒寨大典上，隐约看到叶限穿了这样的金鞋，难道，叶限真是妖孽吗？她越想越害怕，不如早早报告官府，将她捉拿。

陀汗国王听到报告后，觉得不可思议，就亲自带领卫队，去搜叶限的卧室。叶限说，你们也不要搜了，金鞋是我的，我也不是妖孽，请让我穿给你们看。于是，叶限重新穿上翠绿的丝裙与金鞋，出来与陀汗王相见，对国王说："陛下，你看我是妖孽吗？"

那陀汗国王见叶限貌若天仙，楚楚动人，简直不敢相信自己的眼睛，心想，找遍我陀汗国，也找不出如此美丽的女子啊！可是，她的金鞋是从哪来的呢？

叶限就将自己如何成为孤女，被继母虐待，如何养了一条神鱼，又被继母所嫉妒烹食，后来又如何在野地里受高人指点，得到神鱼骨所在，又如何变出翠衣金鞋，前往峒寨盛典的事，一一说与国王听。陀汗国王闻之，深深感叹，他决定照顾这个孤女，就将她和鱼骨一同带回了南海里的陀汗国。

那个可恶的后母和她的女儿，不久便被神秘的一块飞来石击中。峒寨里的人说，恶有恶报。出于同情心，村里的人把她们母女俩一同埋于石坑之中，封坑之际，并为她们竖了一块石碑，上面除了姓名，最顶部有"改邪归正"四个字，意思是希望她俩不要作恶，改邪归正。从此，这个石坑就叫做"懊女冢"。说也奇怪，此后凡有人来此求生老病死、娶妇嫁女，在这里有求必应，很是灵验。峒寨里的人说，后母可能真的改邪归正了。

陀汗国王领着叶限回到了海岛。立即举行盛大的仪式，把叶限封为第一夫人。

但是，陀汗国王是个贪婪的国王，他让叶限为他祈求了很多金银财宝，由于祈求太频繁，第二年，再祈求时，就不灵了。国王只好将鱼骨埋在海边，用一百多斗珍珠埋藏在其四周，另外还用黄金做了标记。

后来，越南的一个国王听说此事，就派兵前来海中盗宝。找了半天也没找到，那批珠宝从此不知所终。

第十二章　三沙海神秘录

强热带风暴"山神"逼近，中国南海现巨浪狂浪。2012年10月26日上午，中国国家海洋预报台，发布海浪黄色警报：

今年第23号强热带风暴"山神"中心5时位于海南省三沙市东南方大约530千米的海面上。预计未来"山神"将向西偏北方向移动，并逐渐向海南省三沙市附近海面靠近，强度继续加强。随着"山神"向海南岛逼近，海南省东南部沿岸海域将会出现大浪过程。

预计26日中午到27日中午，南海西部将出现4到6米的巨浪到狂浪区，南海东部将出现2.5到3.5米的大浪区，海南省东部、南部沿岸海域将出现2到3米的中浪到大浪。

国家海洋预报台特别提醒上述海域水上作业和过往船舶注意安全，尽快回港避浪。沿海各单位提前采取防浪避浪措施，加固港口设施，防止船舶走锚、搁浅和碰撞。

这是现代社会运用卫星遥感等高科技，准确无误地预报了热带风暴的规模和行走路线。

那么，在古代呢？面对深不可测的大海，无论你的航海经验有多丰富，你总会遇到不期而至的台风与巨浪。在那个科技落后的年代，面对着巨浪排空，浪墙压顶扑来，任何人的内心都是恐惧的，再大的船，在如此的大海大浪中，如一片小树叶飘浮。这个时候，多么需要一股强大的力量来帮助啊。

更令人揪心的是，台风来临之际，亲人们不顾安危站在海边，面对渺茫的大海，望眼欲穿，企盼出海的亲人们平安归来。还有许多母亲、妻子、子女来到海边的神庙，他们长跪不起，在香烟缭绕之中以最虔诚的方式，向神灵祷告，祈求神灵保佑渔船安然无恙。

在航海技术十分落后的时代，面对肆虐的海洋，渔船遇

在南海这片海域，每逢祭日，出海日，这里的人都会在海边的神庙，在香烟缭绕之中以最虔诚的方式，向神灵祷告，祈求神灵能够保佑他们的亲人安然无恙。

到飓风、海啸、暴雨、暗流、暗礁等恶劣环境，经常船覆人亡，悲惨的事故频频发生。在对变幻莫测的海洋无法作出准确预测的情况下，渔民们只好将风平浪静、平安出入的美好希望寄托在海里的神灵身上。就这样，各地诞生了不同的海神。或者说，有渔民的地方，就有海神庙。

这些海神，是中国海洋文化的重要组成部分。东海有东海诸神；南海呢，海神众多，诸神并立并存，这些海神统治着整个南海的凶吉祸福与风调雨顺。渔民也可以按照自己的意愿，选择能保佑自己的海神。

那么，在看不见的南海深处，都有哪些海神受到渔民的朝拜呢？

（一）海神娘娘

海神娘娘的故事流传颇广，沿海各地都有海神庙，祭祀海神娘娘。

最广泛的传说是，海神娘娘原是龙王的女儿。但她是私生女。很久以前，在南海深处，有个船家女子落水，那天，龙王访兄归来，看到一个美丽的女子沉入海底，心中顿生奇怪，心想，我今日没有掀风作浪，这女子怎么会落水呢？龙王从怀中拿出一枚还魂珠，放入女子的口中，良久，女子苏醒了，发现自己生活在一个奇怪的地方。每日，花团锦簇，吃穿不愁，以为是在做梦。

忽一日，有个醉酒的男人来到她的身边。他问女子，何以落入水中。女子说，出海打渔，遇海盗抢劫，拼打不过，后被海盗掳去，不愿被辱，寻找一个机会，跳入海中。

男人很欣赏地打量着这个女子，他的眼中放着光芒。他是龙王，他有权得到她。不顾女子的反抗，龙王强行占有了她。

后来，女子竟然怀孕，生下小公主。毕竟人海两界，女子不能久留。龙王用船装了一箱珠宝，乘女子熟睡之际，把那女子送到海边。那个女子如做梦一般，拿着一箱珠宝，不知所终。但她的女儿，却一直留在龙宫。

小公主越长越漂亮，貌美如花，心地特别善良。也渐渐开始懂事。她对龙王在大海中掀起巨浪残害生灵的做法，十分反感。有一次，她质问龙王："渔民生活不易，出海捕鱼也是为了生计，你何故要掀翻渔民的船，让他们葬身鱼腹？"

本来，龙王也是很喜欢这个女儿的。可是她太天真，还是个小孩，就对她说："女儿，你还小，有些事你现在还不明白。"

女儿说："我虽小，但我也知道善与恶。你掀翻船只，让渔民成孤魂野鬼，让他们的家庭破碎，让他们的母亲、妻儿伤心断肠，你于心何忍？"

龙王强压怒火。因为公主还小，不谙世事。现在，说话越来越放肆，该是教育她的时候了。

龙王说："我的女儿，你可知道，你的兄弟姐妹，每天被那些可恶的渔民捉去无数，被活活开膛剖腹，水煮火烤。你

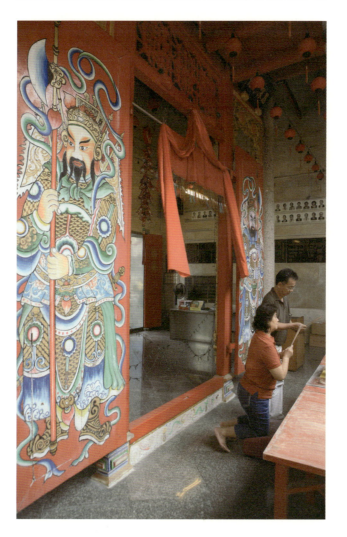

海南渔民的闯海生涯，常遇不测，发生海难。所以每逢出海之日，亲人们都会来到庙里为自己的丈夫，孩子祈福，她们长跪不起，希望能够求得家人平安。

看看那些千年海龟，那是我们水族中最忠厚的长者，当有人无意落水，它都倾力相救，海龟救人的事，无以计数，可就是这样，也没得到人类的同情，他们把海龟捉住，加火鲜烹，用海龟的肠子，晒干之后，作为他们在岛上的绳索，更不用说，他们捕捉百年老虾、千年海蚌，所有这些，都让他们变得贪婪，如获至宝。你想想，我不掀翻他们，还有天理吗？"

龙王的一席话，让小公主一时无言以对。但她从未减少过对于那些船工的同情。每每看到龙王兴风作浪，她就悄悄地浮上水面，手托莲花灯，双目遥望大海，引导渔民们回归海岸。从此，海神娘娘的传说，就一直在渔民中间流传。渔民们在赶海途中，遇有不测，只要站在船头，高呼："请海神娘娘保佑"，不多时，即有一盏莲花灯悬浮在前方，只要跟着莲花灯，很快就能找到避风港。

渔民们为感激海神娘娘的保佑，就在海边修建海神庙，四时供奉。

（二）妈祖

在南中国海，或者说在岭南地区，妈祖神庙是很有名的，即便到了现代化的今天，各地的妈祖庙仍然香火旺盛。

在神秘的大海面前，人类有太多的未知。尽管如此，人们心中总有对希望与美好的憧憬。在南方沿海地区，渔民们更多时候是希望大海风平浪静，海神能保佑出海的船只平安无事，满载而归。每个地方的人对于海神的选择都是不同的。毫无疑问的是，选择妈祖为海神，是南方沿海大多数渔民的选择。她代表着慈爱、宽厚、神灵、有求必应。

更重要的是，妈祖这位著名的海神，在历史上实有其人。

相传妈祖是福建莆田湄洲岛的一名女子，姓林名默，生

海南渔民供奉的海神，有好几位。妈祖是其中之一。

于宋建隆元年（960）农历三月二十三，逝于宋雍熙四年（987）农历九月初九，年28岁。

据《闽书》记载，林默生时能踩席渡海，人呼"龙女"。由于她的水性很好，常常救苦求难于海上。不幸在28岁时，因救人溺海而亡。

另有传说，林默自幼失语，故名为默，当地人呼之默娘。后聪慧过人，修道练法，法力日渐神通。湄州岛民皆以捕鱼和航海经商为生，海上多有风浪险阻，海难时常发生。林默谙熟水性且又有法力，时常出没波涛，拯救遇难渔夫、船工、商贾。

在她16岁那年，有一天，梦中见父兄航海舟覆，危在顷刻。她不顾海上风狂浪凶，前往父兄遇难海域，救起父兄。岛上乡亲父老无不赞叹林默姑娘的孝顺、善良与勇敢。

此后，林默更是把拯救海难作为己任，有求必到。由于林姑娘救人无数，声名远播，众人无不称奇。就这样，越说越神。林姑娘终于在人们的口口相传中，成为神女。

宋雍熙四年（987）重阳节那天，有人看到林姑娘登上湄山峰顶，驾祥云，羽化飞升于苍茫海天之中。还有人说，经常看到林姑娘着红衣翱翔在海天，护佑着出海人。

百姓感念其德，尊呼"娘妈"。后在湄峰林默升天处，建起祠庙，敬拜为妈祖，世代虔诚奉祀。

此异事越传越远，一直传到京都，朝廷以为祥瑞，多次颁诏敕封。据史载，宋、元、明、清几个朝代曾对妈祖多次褒封，封号从"夫人"、"天妃"、"天后"到"天上圣母"，规格越来越高。如果中国要选一位海洋女神，妈祖可能是最佳人选。早在宋元时代，"天后娘娘"便随福建商人落籍海南。日本人小叶田淳《海南岛史》记载："海南岛最初的天后庙，是元朝时代建在白沙津和海口的。"

《琼州府志》也载，"海口市区和白沙门的天后庙，元代即已落成，其殿堂在明洪武年间经过数度修葺……"《琼州府志》中对天后庙做明确记载的就有12个，几乎遍布海南沿海乡镇，由此可见天后娘娘在海南信誉之隆。

我们来看看妈祖的功绩吧。

元代漕运成功归功于妈祖；明代郑和下西洋成功归功于

图为马来西亚，郑和下西洋博物馆。郑和下西洋对马来西亚与中国的关系产生了重大意义。

妈祖；清代施琅攻台成功归功于妈祖；至于民间航海遇险而化险为夷者无数，大多更是归功于妈祖。

自宋代至清代，全国沿海地区都有妈祖庙。明代称天妃宫，清代称天后宫，民间则称妈祖庙。

（三）水尾圣娘

海南还有一位土生土长的海上保护神：水尾圣娘，也称为"南天夫人"。水尾是地名，今在海南定安县岭口镇水尾田村。

人们设水尾圣娘庙供奉，现文昌东郊西南1千米仍存，据记载"明正德年间，有石炉飞至此，因建庙焉"。清光绪元年（1875）曾重修，其上有大书法家张岳崧"慈云圣母"手笔。

张岳崧，广东定安人，今海南省定安县龙湖镇高林村人。海南在科举时代唯一的探花，官至湖北布政使（从二品）。

当时张岳崧蒙恩高中探花，归琼亲临圣庙，印证京城梦遇，随即挥毫题匾，返京后，将访集圣娘显圣事迹向上呈奏。嘉庆皇准奏并勅赐封号为"南天闪电感应火雷水尾圣娘"，从此，群贤毕至，各地官吏墨客，接踵而来，虔诚膜拜，题字献联无计其数，

圣娘本名莫氏丽娘，元末明初年间出生在琼州府定安县梅村峝龙马田村（即今岭口镇水尾田村），父亲为莫家十四代祖莫素，母亲刘妹。丽娘在十六岁的时候，某天去山坡劳作，再也未归。后有传言，为天府玉帝选中，肉身归天，成为圣娘，具有神力。乡里人为求圣娘护佑，建神庙敬奉，一时香火甚旺。

水尾圣娘在海南影响很大，而且随海南人漂洋过海在

东南亚国家落户。在国外,水尾圣娘被奉为海南人的乡土神,被渔民视为守护神,某些地方其地位不亚于天后圣母——妈祖。

如今,在美丽的椰林湾畔,有一座古色古香的庙宇,它就是东郊镇水尾圣娘庙。

该庙坐落于椰海村委会桃李村。水尾圣娘庙坐北向南,呈长方形,外形美观,气势恢宏。由三进庙宇组成,琉璃瓦屋檐。

第一进是大门。门楣上写着"水尾圣娘庙"几个大字,在阳光的照射下显得格外耀眼。大门两旁雕刻着一副对联。檐墙上画着各种各样的人物。

第二进是沐恩亭。亭两旁有石凳供人休息。亭上雕刻着八仙过海、仙女散花等8幅塑像。檐脚下悬挂着"有求则应"、"恩光普照"、"金玉满堂"等许多彩旗,亭的4根木柱上都绘画着龙和凤。

第三进是圣殿,也称后庵,即水尾圣娘的供身之所。殿上有水尾圣娘的雕像,两旁各侍立着四位仙童玉女。圣殿里面流金溢彩,飞流迭翠。三进庙宇由两堵墙围住,围墙上写着"梦醒岳秘题匾额,恩荫谢宝赠签诗"等5副对联。

在海南地区,关于水尾圣娘的传说,版本很多。今录一则如下。

灵神显圣,流传久远,庙中圣娘,皆为泥塑。然刻为金身供奉,则始于明末清初。北港村有潘某,出海打渔为生。一日撒网,却捞起一块异木。潘某端详半天,不知是何种木头,心想,我打渔为生,要木何用。遂将异木仍入海中。不久,潘某撒网,又捞到了这根木头,感觉奇怪,似乎这木头非上他的船不可,潘某就将木头置在船头,继续捕鱼。

没想到的是,在潘某打渔返程途中,天气骤变,大风掀

古色古香的水尾圣娘庙,主色调是黄红。迎面看去是两副对联镶刻在 4 根绘着龙和凤的金黄色木柱上。再往里就会看到几张拼接起来的四方香案供桌,香火不断。

起巨浪,渔船很快沉没。潘某在海浪里挣扎,不久,就发现那根异木就在身边,他紧紧地抱着木头,在海浪里沉浮。也不知过了多久,潘某和木头终于漂到了海边。

潘某的家人都在海边焦急地等着,那样大的风浪,都以为潘某无以生还。没想到安然回来了,大家都很惊奇。潘某说:"如果没有这根木头,可能早就沉入海底了。我一定要善待此木。"

众人也感到此木的神奇。村中有个长者端详半天,认为是圣娘在暗中保护。他建议请来雕匠高人,以此木雕刻成圣母,供村人供奉。潘某闻言,即刻着人请来雕工,细细雕刻,然后全身塑金。一座金光闪闪的圣娘像诞生了。只见圣娘头戴凤冠,颈带璎珞,身着龙袍,脚穿红靴,仪表端庄,无量慈悲。另有男女 4 将,侍立两旁。那潘某遇到异木,也是缘份。从此家境和顺,百事亨通,财丁两旺,延绵到今。

（四）文教村的"108兄弟庙"

（1）文教村

在潭门镇，我发现一个奇怪的现象，这里的渔民有独特的信仰，而且是独一无二的。

在这个信仰缺失的时代，潭门人却固守着自己的信仰，他们敬畏大海，相信神灵。与其他地方所不同的是，潭门人一不拜观音，二不祭妈祖，每次出海打渔之前，要到一个小庙前祭拜。此庙规模虽小，却是潭门人心中的神庙，名叫"兄弟庙"，这里祭祀的是108名勇敢的潭门先民。

潭门镇的每一个村子都有兄弟庙，文教村的尤为出名。

在琼海的朋友陪同下，我来到文教村。兄弟庙位于文教村的东首，并不很大，面积只有50平方米见方。背靠村庄，庙门正对着浩瀚的南海，距海边约有50多米。门前有一口历经百余年的古井，据说是咸丰到同治年间深挖的，似在向人们讲述着潭门人的耕海历程。

庙门上有一匾额，题有"文教兄弟庙"5个大字，两旁有副对联："文通人和神恩泽，教顺地灵渔业丰。"

小庙里陈设简洁，所有器物皆与大海有关：门廊柱子上盘龙缠绕，鱼形的香炉等。庙里西墙上，有一幅麒麟壁画。麒麟两旁题着一副对联："兄弟联吟镜海清，孤魂作颂烟波静。"

壁画前面有神位两座。经仔细辨认，右为"108兄弟之神位"；左是"山水二类五牲孤魂之神位"。每座神位前，皆有香炉一只。

"兄弟庙"主要祭祀的神灵，是"108兄弟"，关于"108兄弟"，我在琼海采访时，听到不少传说，但"山水二类五牲孤魂"则颇为费解，一时想不明白。后来询问当地村民，才恍然大悟。

兄弟者，一家人也。只有长年在大海里讨生活的人，才能明白大自然的威力。大海深不可测，诡谲神秘，而且变幻无常。特别是飓风来临时，山呼海啸，浪击长空。在大海上，生命如同一介蝼蚁，脆弱不堪。面对如此凶猛的大海，只有团结一心，形成精神上的一股力量。正是这种兄弟般的信念与力量，潭门镇的渔民们才可以在恶劣的大海上力挽狂澜，从远古走到今天。

以前常有在大山河川遇难者，顺江河漂流出海，和在大海遇难的无名者漂浮于潭门一带。那些遇难者，有的因为飓风而落水，有的为海盗劫杀，还有的厌世轻生。当地渔民每每见到，顿生悲悯之心，将那些遇难者捞起，葬于山野，为使那些孤魂野鬼有个归宿，这样，就在"兄弟庙"的主神位边，设立次神位，以收容孤魂。

潭门人可贵的慈悲情怀，由此可见一斑。村民告诉我，无论是闯海的渔民，还是不下海的家庭妇女，只要看见，都

文教村的"108兄弟庙"是潭门镇人心中的神庙，这里祭祀的是108名勇敢的潭门先民。这里承载着潭门人的信仰，面对凶猛的大海，只有团结一心，形成精神上的一股力量，兄弟之间相互帮衬，才可以在恶劣的大海上力挽狂澜。

会做这样的善举，在他们的意识中，生命消亡之后，转升为神灵。任何人的一举一动，神灵都看得清楚。以善为本，善待亡灵，必将得到神灵的庇佑。所以，潭门人一直心地善良。有一首竹枝词，是这样描写他们的：

潭门港湾好修行，半夜敲门心不惊；

善恶到头终有报，举头三尺有神明。

潭门人不只是在潭门才进行此类善举，他们把优良传统

这是小庙里的香案供桌，正中间摆放着供人们上香的香炉，两侧是烛台。木雕镂空花纹大气而庄重，潭门镇的人们都来此祭拜。在南海的岛礁上，还遗存着大大小小的神庙，那都是潭门渔民出资修建的。

随身而行，走到哪里就在哪里开花结果。他们闯荡南海，只要遇到有大些的岛礁，他们就把兄弟庙修建到那里。现如今，在南海的一些岛礁上，都还遗存有大大小小的神庙，那都是潭门渔民出资修建的。

从潭门出海，到达三沙诸岛的路程相当遥远，海上运输困难重重。要想在那么遥远的岛屿上修建神庙，谈何容易。渔民在岛上的安身之所，皆为简易草棚，岛上建筑材料严重短缺，渔民们多数不懂泥瓦技术，可想而知，那些岛上的神庙是何等的简陋。

建筑时，只能就地取材因陋就简。有的只是用几块珊瑚石堆砌而成，更简单的，就是在岛上找个大些的山洞，里面安置一具香炉，能插香祭拜就成。

（2）关于"兄弟庙"的若干版本

在潭门镇采访时，我不止一次听说了108好汉的故事。这个故事的原本已经无法考究，但内容上有相似之处，亦有矛盾的地方。现将几种版本记录如下。

故事一 很久以前，南海并不太平，海盗猖獗，严重影响了渔民们的生产。

后来，潭门渔民组织了109人，带着武器一同出海，与海盗进行搏斗。109名好汉杀得海盗片甲不留，总算清除了通往渔业场的路障。当然，潭门人也受到了重大损失，伤亡惨重。在回归途中，突遇飓风，除一人逃生，其余全都失踪。

潭门人为了纪念勇敢的108好汉，就建了这座庙。

故事二 清朝咸丰年间，有一次，海南岛109人从文昌铺前港同乘一艘海船去南洋谋生，途中风浪覆舟，农历九月十五被一个荒岛的岛主所捕，除一厨工逃脱外，均被误认为是海盗而被杀。后来，这108兄弟就变成了海上的冤魂。他们心有不甘，想着以后还有不少家乡的渔船要路过这里，遇到这样不明是非的岛主，岂不是又要蒙受冤屈。更重要的是，那个岛主是个凶残之人，岛上的其他居民都是他的奴隶。于是，这108名冤魂化作海神，掀起巨大的海浪，把那个岛主掀翻到海中。

岛上的奴隶们感激108兄弟显圣海上，解救他们于苦海，就在岛上建了一座兄弟庙，逢年过节都要举行祭祀仪式。从此，108兄弟的冤魂就在这座小岛上安放了。说也奇怪，从此之后，过往此岛的家乡渔船，经过这里的时候都能平安无事，大家都说，是108兄弟的神灵在保佑。

此事越传越神，也越传越远。后人为请得108兄弟的神灵保佑，纷纷建庙祭祀，有的称为"昭应庙"、"孤魂庙"或"兄弟公庙"。海南侨民、渔民多建此庙祭祀，以保平安。在泰国、越南、马来西亚、新加坡等国，只要有海南人聚居的地方，皆建有此庙。

（3）拜庙祭祀

农历七月十五，对于渔业小镇潭门来说非常重要。这一天除了祭拜故去的亲人外，还要祭拜他们的先祖——108兄弟。渔民春节可以不回家，但是这天一定会回家，这是祖辈几百年传下来的风俗。这是一个祈求平安和丰收的节日。

这里的祭拜，与我们平常所见皆不相同。最大的不同在于，潭门人的祭拜很虔诚。他们大约在凌晨四五点钟就起床，担着祭品来到了神庙前。

此时，文教村的鞭炮声已经响起。渔民们陆续赶来。男女老少，络绎不绝。

渔民所供奉的祭品简单而丰富：一只蒸好的白切鸡，一大块熟白肉，六个白米饭团子，一壶白酒带六个酒杯，供香一把，一沓草纸，外加一盒鞭炮。

先把案台擦拭干净，然后将供品摆齐，小步退后点燃香烛，

虔诚地拜上三拜，端起酒杯，口中念念有词："108兄弟，我将起锚赴南沙捕鱼，现在，鸡、肉、酒、饭都已备齐，希望众兄弟吃好喝好，保佑我们平安归来！"言毕，将酒横洒案前。

太阳跃出海面，照亮了整个文教村。神庙前的空地上，挤满了前来祭拜的人们。他们坚信108兄弟的神奇力量，每次出海前都来祭拜一下，很多人都有化险为夷的经历，他们都归功于108兄弟的保佑。

在潭门镇采访时，一直有个疑问挥之不去。众所周知，请神灵保佑，是劳动人民的一种朴素心理，只有在生产和生活中劳动的人，才知道自然界的威力有多大，大到不可抗拒。但是又要在自然界中讨生活，这在心理上就需要一种强大的寄托。于是各个地方的人，都请出神灵来供奉祭拜。南方的很多江河湖海，皆祭观音，或者妈祖，为什么潭门一带独出一格祭祀"108兄弟公"呢？

在珊瑚岛西南端，有一座名为"金沙庵"的小庙，坐落在西部的羊角树丛中，这是我国最南方、最遥远又最小的观音庵（除台湾太平岛观音堂外）。庙内供奉的观音是从海底沉船中打捞上来的，据考证，这座观音像是明清时期的雕刻。

村里渔民告诉我，这很简单，当地人认为，观音与妈祖，皆是以女神，面对深海里的恶浪滔天，更需要一种强大的神力人保佑。而"108兄弟神"正好符合当地渔民的心理：力量，团结，相互帮助。

这正是潭门渔民们想要的。所以，108兄弟庙到处都有。

（4）祭兄弟公出海

潭门镇渔民出海之前，都要举行"祭兄弟公出海"仪式。

一般来说，出海分为两种，一种是近海，在附近渔场捕鱼，机动性大，速去速回，几乎没有什么危险；还有一种，就是出远海，诸如去黄岩岛、三沙等渔场，那是要成群结队结伴而行。

出远海充满危险，飓风、巨浪、海盗、邻国海警等等，更有狂风恶浪，变幻莫测，时刻充满艰险。人的力量是有限的，潭门人希望神灵赐予力量。故出海之前进行祭海，是每个船队必须要进行的一样重要仪式。

祭海，即祭108兄弟。每年冬季，是潭门人的捕鱼旺季，各船长开始忙碌，备足柴米油盐以及淡水等生活和生产必需品。一旦时机成熟，全体船队就推选出船长，也就是说，此次船队出海，一切听从船长指挥。

船长是这支即将出海船队的最高领袖，负责全队的航行与安全。船长挑选一个黄道吉日，请来道公做法事，举行祭海仪式。

祭海吉日来临之夜，船长将各家凑份买来的肥猪屠宰，作为供奉"兄弟公"的祭品，并在"兄弟庙"和即将出航的船只前举行"做福"活动。

上午9时未到，神庙前的广场上已经人山人海，就连广场周围的树林里也挤满了村民。

关于做福，有很多种说法。村中老人说，以前"做福"时，

潭门镇的渔民出海之前都要举行盛大的祭海仪式,向海中撒纸、上香、放炮等祈求海神的保佑。

村民从"神庙"中请出108兄弟的牌位,由船工抬着巡游,走遍村中的每个角落。牌位一般由六人抬,前面由七星旗开路,妖魔鬼怪见到此旗就会自行避开。牌位下面置沉香,把香点燃,妖魔鬼怪闻到这种气味就会跑开,人闻到则满身香气,可避邪。

"做福"时,以煮熟的猪头、饭团和烈酒祭拜"兄弟公",道公们吹打法器,布法祈祷,然后把施过法术的一柱香送到船长手上。船长站在最前,后面站着出海的所有人员。船长手捧香柱,虔诚地向兄弟公祷告: 本船长即将率船队出海远航,恳望兄弟公保佑我等一帆风顺,往返平安。

船长祷告完毕,把手中的香柱插入香炉中。

这还没完。道公在兄弟庙做完法事,还得上船。于是道公前面开道,率船长登船。一边吹着呜呜的牛角号,一边敲打铜锣来到船长的船上。上船施法的目的,是驱赶渔船上的妖魔鬼怪。凡是怀疑可能藏匿有妖魔鬼怪的地方,都撒上硫磺,然后手持火把，嘴含油，喷射，燃烧硫磺，将妖魔鬼怪驱逐。

经过一番驱逐，道士们把船主的大船里里外外搜了个遍，然后假借天皇玉帝之名起草冥文圣旨，勒令妖魔鬼怪马上离开该船，不得有误。

看得出，道士们很尽力，把船上的大鬼小鬼通通驱逐离船。然后，点燃用椰叶编织的椰叶火把，扔进海中。这时，船上的妖魔鬼怪才算被赶尽杀绝，这才贴出符字。在船主的船上，贴上"主将帅八面威风"。其他船只，刚将"一帆风顺"的红纸贴到桅杆上。

做福完毕，身穿红色上衣的渔民，站在各自的船头上，用大海螺对着远方吹起号声，随后，船主一声令下，十几艘大型渔船驶出港口，开始了闯海捕鱼的生活。

但是，远洋捕鱼是极危险的生活。大海的威力到底有多大，只有那些船工们才知道。并不是每次下海捕鱼都是安全的。尤其在古代，通讯设备不发达，也没有天气预报，潭门人出海打渔，连人带船失踪的事时有发生。有的是兄弟同船，有的是父子同船。那时，毫无征兆地，大海上会突然刮起一阵狂风巨浪，就是最有经验的船老大，也很难把握台风什么时候不期而至，还有，海盗的横行，外国军舰的蛮横无理等。

那时国力太弱，这些潭门渔民出海，如果是遇到台风而沉没，也还有个说法。但是，一旦遇到邻国的海警或海军，二话没说就强行绑架上船，那时，你叫天不应，叫地不灵，被外国海上军警枪杀者，不计其数。渴望国家强大起来，这是潭门渔民最深切的感触。

那些在海上不归的冤魂，在潭门镇的历史上到底有多少，现在已无法知道。活不见人，死不见尸的惨剧，让那些母亲、妻子、幼小的子女悲痛欲绝。她们无法相信，活生生的人就没了。于是，母亲和妻子白天站在海边眺望，绝望地守着，天黑之后，她们会提着防风灯，放到海岸最高处，她们希望有奇迹出现。

放灯有两层含义：如果失踪者还活着，看到灯光就会知道海岸在哪儿，如果遇到不测，也希望魂归故里，找到回家的路。

时间太久，生还希望渺茫。母亲和妻子们彻底绝望。有钱者，会请木匠雕个人像，没钱的，就扎个草人，连同逝者的衣服，做一个衣冠冢，并请来道公至海边，为亲人招魂。

当然，也有例外。有一天，失踪已久的亲人，突然出现在众人面前，这简直就是奇迹。尽管这种奇迹在潭门也偶有发生，但绝大部分人还是魂归大海。

图书在版编目（CIP）数据

三沙人文地理 / 朱千华著. -- 北京：中国林业出版社，2013.12
（地理中国）
ISBN 978-7-5038-7284-6

Ⅰ.①三… Ⅱ.①朱… Ⅲ.①人文地理学－三沙市 Ⅳ.①K926.63

中国版本图书馆CIP数据核字(2013)第290660号

审图号：GS（2013）2382号
出版管字【2013】2743号

策划出品：北京图阅盛世文化传媒有限公司
责任编辑：张衍辉　董立超
稿件统筹：李素云
图片提供：搜图网 www.sophoto.com.cn

出版 / 中国林业出版社（北京市西城区刘海胡同7号）
电话 / 010-83223789
印刷 / 北京雅昌彩色印刷有限公司
开本 / 787mm×1092mm 1/16
印张 / 15.125
版次 / 2014年3月第1版
印次 / 2014年3月第1次
字数 / 176千字
定价 / 68.00元